E-Book inside

Mit dem Kauf dieses Buchs erhalten Sie das zugehörige E-Book gratis. Sie können dabei aus drei Dateiformaten wählen: EPUB (gängiges Format für E-Reader und Tablets), PDF (für PC und Laptop) oder MOBI (für den Amazon Kindle). So kommen Sie an Ihr kostenloses E-Book:

Rufen Sie im Internet diese Website auf:
↗ http://www.junfermann.de/ebook-inside

Geben Sie den unten stehenden Code in das dafür vorgesehene Feld ein und klicken Sie → Code einlösen. Nach Eingabe Ihrer E-Mail-Adresse und Auswahl des E-Book-Formats erhalten Sie sofort einen Download-Link für das gewünschte E-Book an Ihre E-Mail-Adresse.

Bitte beachten Sie, dass der Code für Sie personalisiert wird und nur einmal gültig ist. Die Datei müssen Sie zunächst auf Ihrem Computer speichern, bevor Sie sie auf ein mobiles Endgerät überspielen können.

QUSXV8HR

Barbara Gerhards
Das Anti-Ärger-Buch
In 3 Schritten frei von Ärger

www.junfermann.de

blogweise.junfermann.de

www.facebook.com/junfermann

twitter.com/junfermann

www.youtube.com/user/Junfermann

www.instagram.com/junfermannverlag

BARBARA GERHARDS

DAS ANTI-ÄRGER-BUCH

IN 3 SCHRITTEN FREI VON ÄRGER

Copyright	© Junfermann Verlag, Paderborn 2021
Covergrafik und Grafiken im Innenteil	© Lukas Jardin – www.lukasjardin.de
Covergestaltung, Satz & Layout	JUNFERMANN Druck & Service GmbH & Co. KG, Paderborn
	Alle Rechte vorbehalten. Das Werk einschließlich aller seiner Teile ist urheberrechtlich geschützt. Jede Verwendung außerhalb der engen Grenzen des Urheberrechtsgesetzes ist ohne Zustimmung des Verlages unzulässig und strafbar. Dies gilt insbesondere für Vervielfältigungen, Übersetzungen, Mikroverfilmungen und die Einspeicherung und Verarbeitung in elektronischen Systemen.
Bibliografische Information der Deutschen Nationalbibliothek	Die Deutsche Nationalbibliothek verzeichnet diese Publikation in der Deutschen Nationalbibliografie; detaillierte bibliografische Daten sind im Internet über http://dnb.d-nb.de abrufbar.

ISBN 978-3-7495-0253-0
Dieses Buch erscheint parallel als E-Book.
ISBN 978-3-7495-0254-7 (EPUB), 978-3-7495-0256-1 (PDF),
978-3-7495-0255-4 (EPUB für Kindle).

Inhalt

Über dieses Buch 7

Teil I: Ärger-Bewusstsein 13

1. Ärger erkennen 15
1.1 Ärger-Anlässe 16
1.2 Ärger-Signale 17
1.3 Ärger-Verhalten 21
1.4 Der Gegenpol des Ärgers – die Gelassenheit 23
1.5 Die eigene Wahl 27
1.6 Kosten und Nutzen des Ärgers 31

2. Ärger-Strategien 37
2.1 Korrigieren und verändern 39
2.2 Überzeugen und kommunizieren 41
2.3 Nicht ansprechen und warten 42
2.4 Ausweichen oder sich zurückziehen 44
2.5 Aushalten 46
2.6 Verstärkung holen 47
2.7 Fazit der Ärger-Strategien 51

Teil II: Prozess der Ärger-Klärung 53

3. Ärger-Filter 55
3.1 Annahmen 57
3.2 Extern gegeben 58
3.3 Dein Bereich 61
3.4 Mein Bereich 65
3.5 Fazit des Ärger-Filters 68

4.	**Ärger-Wunsch**	71
4.1	Ärger-Wunsch ergründen	71
4.2	Ärger-Wunsch kommunizieren	79
4.3	Ärger-Wunsch des anderen	84
4.4	Fazit des Ärger-Wunschs	87
5.	**Ärger-Haken**	89
5.1	Der ICH / DU-Regler	91
5.2	Die Zu-viel / Zu-wenig-Skala	100
5.3	Der Urteilsknopf	108
5.4	Die Kontoführung	119
5.5	Schein oder scheinen	123
5.6	Fazit der Ärger-Haken	131
6.	**Ärger-Prävention**	135

Teil III: Anwendung 141

7.	**Tipps zur täglichen Anwendung**	143
7.1	Bei uns anfangen	144
7.2	Widerstände überwinden	145
7.3	Wunsch nach Ärger-Freiheit	150
7.4	Ärger-Hygiene	151
7.5	Aus Rückfällen lernen	152
7.6	Ärger verfliegt nicht immer sofort	153
7.7	Anderen helfen	154
8.	**Ausblick**	157
8.1	Ärger-Klärung in unseren Beziehungen	157
8.2	Ärger-Klärung in unserer Gesellschaft	159

Über die Autorin 161

Über dieses Buch

Andere Menschen geben Ihnen ständig Anlass, sich zu ärgern? Dabei sind Sie es leid, sich über kleine oder große Themen aufzuregen? Sie wollen Ihre Energie nicht mehr an unwichtige Dinge verschwenden, sondern gelassen mit den täglichen Herausforderungen umgehen?

Dieses Buch stellt Ihnen einen Prozess vor, der helfen kann, all das zu erreichen: einen gelassenen, kompetenten und zielgerichteten Umgang mit den täglichen Ärger-Anlässen im beruflichen wie privaten Umfeld. Und das in drei einfachen Schritten:

1. Den Ärger-Anlass filtern.
2. Den Ärger-Wunsch klären.
3. Von Ärger-Haken befreien.

Sich weniger zu ärgern kann man lernen, und das unabhängig von Alter, Persönlichkeit, Veranlagung oder Lebenssituation. Obwohl uns das Leben immer wieder Grund zum Ärgern liefert und wir uns in solchen Ärger-Situationen ohnmächtig fühlen können, haben wir es letztendlich selbst in der Hand, ob wir uns ärgern oder nicht. Denn was wir tun, können wir auch lassen. Es ist niemals zu spät, sich weniger zu ärgern. Auch wenn die Ursachen der Konflikte oder Ärgernisse bereits Jahre zurückliegen oder die ärgerliche Situation völlig festgefahren erscheint, zeigen der Prozess und die Übungen in diesem Buch einen praktikablen Weg aus dem Ärger auf. Hin zu mehr Gelassenheit und innerer Zufriedenheit.

Ich selbst liebe es nicht, mich zu ärgern, aber ich liebe *meinen Ärger*. Denn er ist für mich ein emotionales Signal, dass etwas, was mir wichtig ist, nicht erfüllt wird. Eine Vorstellung, ein Wunsch oder ein Ziel von mir wird nicht erreicht oder etwas stellt sich meiner Zielerreichung in den Weg. Wenn mein Leben oder die Welt nicht so ist, wie ich sie haben möchte, dann könnte ich anfangen, mich zu ärgern. Der Ärger fungiert nicht nur als Warnsystem, sondern setzt gleichzeitig die erforderliche Energie und die Ressourcen frei, um die eigenen Vorstellungen zu verfolgen und Wünsche zu verwirklichen. Wenn wir auf ihn hören und ihn zum Anlass nehmen, uns mit der Ursache des Ärgers zu beschäftigen, dann kommen wir unseren eigenen Zielen näher. Mit der Klärung des Ärgers gelingt es uns, unsere Ziele ohne Ärger zu verfolgen und gelassener mit den vielen täglichen Herausforderungen umzugehen.

Wie man den Ärger schnell und einfach klärt, ohne die eigenen Ziele preiszugeben und ohne die Energie des Ärgers zu verlieren, das zeige ich Ihnen in diesem Buch. Als Ergebnis werden Sie sich seltener, weniger intensiv und weniger lange ärgern. Sie gewinnen eine neue Klarheit bezüglich der Dinge, die Ihnen wichtig sind im Leben, und werden in der Lage sein, aus dem eigenen Ärger schnell und kompetent auszusteigen. Irgendwann wird Ihnen auffallen, dass der Ärger immer weiter abgenommen hat, und Sie werden erstaunt feststellen, dass er sich nur noch selten zu Wort meldet.

So war es mir ergangen. Eines Tages bemerkte ich, dass ich mich kaum noch ärgerte. Dabei hatte mich das Thema Ärger seit meiner Jugend begleitet und nicht nur mich, sondern insbesondere auch mein persönliches und berufliches Umfeld sehr belastet. Neue Anlässe, mich zu ärgern, hatte ich damals immer wieder gefunden: ob in den vielen Projekten, für die ich als Volkswirtin im Finanzbereich deutscher Konzerne verantwortlich gewesen war, bei Wohnortwechseln im In- und Ausland oder als berufstätige Mutter von zwei Söhnen. Der Ärger war mit mir von Aufgabe zu Aufgabe, von Projekt zu Projekt und von Land zu Land gezogen. Vergeblich hatte ich versucht, mich von ihm zu befreien. Als Folge meiner verschiedenen US-amerikanischen Coaching-Ausbildungen und zahlreichen Coaching-Erfahrungen verschwand der tägliche Ärger jedoch auf einmal mehr und mehr. Heute ärgere ich mich zwar immer wieder mal, jedoch ohne mich ohnmächtig oder meinem Ärger ausgeliefert zu fühlen. Ich weiß, dass es einen Weg gibt, sich vom Ärger zu befreien, und ich weiß, wie ich ihn gehen kann. Und ich kann ihn alleine und selbstbestimmt gehen. Aus eigener Erfahrung weiß ich: Das kann man lernen!

Die Ansätze und Fragestellungen, die mir und meinen Coachees geholfen haben, sich aus bestehenden Konflikten und Ärger-Anlässen zu befreien, habe ich in einem eigenen Prozess zusammengeführt. Diesen Prozess, den ich die Ärger-Klärung nenne, habe ich über die Jahre immer weiterentwickelt und geschärft. Maßgeblich geleitet hat mich dabei das Kriterium, dass die Maßnahmen im Alltag leicht umsetzbar und wirksam sein sollen.

Da Coaching-Methoden und die Erfahrungen aus meiner Coaching-Praxis die Grundlagen meines Anti-Ärger-Prozesses sind, konzentriere ich mich auf praxistaugliche Lösungsansätze. Ich betrachte den Ärger in der Phase seiner Entstehung, nämlich wenn wir beginnen, „uns über etwas aufzuregen". Ich möchte den Ärger bereits bei seiner Entstehung bei der Wurzel packen und beschäftige mich nicht mit der Emotion Wut, Aggression oder mit krankhaften Ärger-Zuständen, die sich aus einem Ärgernis entwickeln können. In diesem Buch gehe ich dem Ärger-Anlass an sich auf den Grund und der Frage nach: „Worüber ärgere ich mich, und was hat das mit mir zu tun?"

Ärgern oder aufregen können wir uns über alles Mögliche: über bestimmte Themen, Dinge, Situationen oder Personen. Ob das der Ausgang einer bestimmten Wahl ist, das Wetter, der Stress am Arbeitsplatz oder die familiären Verpflichtungen. Die Liste ist schier endlos. Nicht zuletzt ärgern wir uns auch über uns selbst und unser eigenes Verhalten. Allen Ärgernissen ist gemein, dass sie immer mit uns zu tun haben, auch wenn das manchmal nicht so offensichtlich ist. Schließlich bin ich die Person, die sich ärgert.

Der Klärungsprozess, den ich Ihnen vorstellen werde, ist dabei unabhängig von der Art des Ärger-Anlasses. Jedes Ärger-Thema, ob klein oder groß, wichtig oder unwichtig, kann mithilfe dieses Prozesses geklärt werden. Dabei spielt es auch keine Rolle, in welcher Beziehung dieser Ärger auftritt: ob zu Hause mit dem Partner oder der Partnerin oder den Kindern, ob im Berufsleben mit Vorgesetzten, Kolleginnen oder Kollegen, im Verein, im Straßenverkehr oder im Supermarkt.

Den Prozess der Ärger-Klärung erläutere ich exemplarisch anhand des Ärgers, der in der Beziehung mit einem anderen Menschen auftritt: Ich ärgere mich über dich bzw. du tust etwas, das mich ärgert.

Alles, was wir über den Ärger in der Beziehung ICH/DU lernen, können wir auf andere Beziehungen und beliebige Ärger-Anlässe übertragen.

Am Anfang des Prozesses der Ärger-Klärung steht das Ärger-Bewusstsein. Um aus dem Ärger auszusteigen, müssen wir erst einmal erkennen, *dass* wir uns ärgern, was das mit uns macht und welche Strategien wir anwenden, um mit dem Ärger umzugehen. Das Bewusstsein „Ich ärgere mich" reicht dabei nicht aus. Danach gilt es, weiterzugehen und sich mit dem eigenen Ärger auseinanderzusetzen – ihn zu klären.

Die Klärung des Ärgers erfolgt in meinem Anti-Ärger-Prozess in drei Schritten, unabhängig von Thema, Bedeutung oder Zeitpunkt des Ärgernisses:

1. **Der Ärger-Filter:** Wir überprüfen, was das Ärgernis mit uns zu tun hat, und befassen uns danach nur noch mit den Ärger-Anlässen, die den Ärger-Filter passiert haben und in unseren Bereich fallen.

2. **Der Ärger-Wunsch:** Wir ergründen und klären, was sich hinter dem Ärger verbirgt, warum wir uns ärgern und welche Vorstellungen und Ziele wir eigentlich realisieren wollen. Wir gehen den Schritt vom „Ich-ärgere-Mich" zum „Ich-wünsche-Mir".

3. **Die Ärger-Haken:** Wenn wir Klarheit haben, welchen Ärger-Wunsch bzw. welche Ziele wir erreichen möchten, dann kann es sein, dass wir noch an einem oder mehreren Ärger-Haken festhängen und noch nicht bereit sind, aus dem Ärger auszusteigen. Wir überprüfen mithilfe der Ärger-Haken unsere Wünsche und Ziele und befreien uns und andere aus dem Ärger.

Die Ärger-Haken sind für mich das Kernstück des Prozesses. Sie basieren auf der widersprüchlich erscheinenden Erkenntnis, dass wir freiwillig im Ärger-Zustand bleiben. Wir halten an dem Ärger fest und *wollen* uns ärgern, obwohl die Tür zur Freiheit und Gelassenheit uns jeden Tag aufs Neue sperrangelweit offen steht. Wir könnten aufhören, uns zu ärgern, aber etwas in uns ist dazu nicht bereit. Wir hängen fest. Woran wir festhängen, wollen wir mithilfe der fünf möglichen Ärger-Haken überprüfen.

Seinen Ärger zu klären und sich vom Ärger zu befreien ist eine hilfreiche Kompetenz. Noch besser ist es, den Ärger von vornherein zu vermeiden. Da der Ärger in der Regel in einer Beziehung auftritt, werfen wir im Anti-Ärger-Prozess über die Ärger-Klärung hinaus auch einen Blick auf die Beziehung. Wie lebendig ist diese Beziehung und wie wird sie von uns gepflegt? Wenn wir mit anderen im regelmäßigen Austausch sind und unsere Vorstellungen gelassen kommunizieren, dann ermöglicht dies nicht nur eine schnelle Ärger-Klärung, sondern dient auch der Ärger-Prävention.

Obwohl alle Themen, ob klein oder groß, mithilfe des dreistufigen Prozesses geklärt werden können, gibt es für den jeweiligen Ärger-Anlass keine Patentlösung. Es gibt also keine Lösung „von der Stange" für den (Ärger-)Fall, dass der Nachbar seinen Müll nicht trennt oder die Kollegin ihre Arbeit nicht pünktlich erledigt hat. Wir sind als Persönlichkeiten so verschieden und haben so individuelle Vorstellungen und Wünsche, die wir in einem Ärger-Fall unerfüllt sehen, dass es keine einheitliche Lösung für einzelne Ärger-Anlässe gibt. „Jeder Jeck ist anders", sagen wir im Rheinland, und jeder auch seines eigenen Glückes Schmied. Jeder muss für sich dem Ärger auf den Grund gehen und ihn für sich individuell klären. Da helfen uns auch nicht die wohlmeinenden Ratschläge unserer Umgebung. Was den einen ärgert, lässt den anderen kalt. Was für den einen ein gangbarer Weg ist, kommt für den anderen nicht infrage. So mögen wir uns über den gleichen Anlass ärgern, brauchen aber alle einen anderen Lösungsweg, den nur wir selbst kennen.

Gleichermaßen wirkt der Prozess zur Ärger-Klärung auch nicht, wenn wir versuchen, den Ärger eines anderen Menschen zu klären. Wir können noch so empathisch sein, letztendlich stecken wir in unseren eigenen Schuhen bzw. in der eigenen Haut und können nur mutmaßen, wie es der anderen Person mit einem Ärger-Thema geht. Jemand, der den Prozess der Ärger-Klärung kennt, kann aber sehr wohl mit Verständnis und hilfreichen Fragen zur Klärung beitragen.

Da jeder Mensch letztendlich den Prozess der Ärger-Klärung selbst beschreiten muss, versuche ich Ihnen neben den strukturierten Prozessschritten so viele Hilfestellungen wie möglich an die Hand zu geben. Das Wichtigste aus meiner Erfahrung als Coach sind die eigene Erkenntnis und der eigene innere Kompass. Sie wissen am besten, was für Sie persönlich die richtige Maßnahme ist. Mein Bestreben ist es daher, durch Visualisierung und Beispiele aus dem Alltag das Ärger-Thema für Sie lebendig und erfahrbar zu machen. Ich lade Sie mithilfe der Schaubilder ein, die eigene Position zu bestimmen, Alternativen auszuprobieren und mit den Optionen zu experimentieren. Wenn Sie spüren, was passt und was nicht passt, können Sie dieses innere Informationssystem aktiv zur Korrektur der eigenen Position nutzen.

Ich lade Sie ein, eine Liste Ihrer persönlichen Ärger-Themen zu erstellen und in Teil I des Buches das eigene Ärger-Bewusstsein zu schärfen und Ihre Ärger-Strategien näher zu betrachten. Vielleicht wollen Sie Ihre Ideen und Erkenntnisse während des Lesens in einem Heft oder Ihrem Handy notieren.

In Teil II haben Sie ausreichend Gelegenheit, die einzelnen Schritte des Anti-Ärger-Prozesses an den eigenen Themen auszuprobieren. Zu diesem Zweck schließt jedes Kapitel mit Übungen ab, die Sie auf Ihre persönlichen Ärger-Anlässe anwenden können. Dadurch werden die einzelnen Schritte greifbarer, und Sie können ausprobieren, was Ihnen dient und was nicht. Da wir noch am Anfang des Prozesses stehen, empfehle ich Ihnen, mit kleineren Ärger-Anlässen zu beginnen. Dann kommen die größeren Ärger-Themen vielleicht schon von alleine in Bewegung.

In Teil III gebe ich Ihnen einige Anregungen und Tipps zur täglichen Anwendung der Ärger-Klärung und des Anti-Ärger-Prozesses. Dabei gilt es, vor der eigenen Tür zu kehren, die eigenen inneren Widerstände zu erkennen und sich durch Rückschläge nicht entmutigen zu lassen. Die eigenen Ärger-Routinen, die über Jahre bzw. Jahrzehnte gewachsen sind, zu verändern gelingt nicht über Nacht. Das Ärgern und die Art, wie wir uns ärgern, sind meist schon zu einer Gewohnheit geworden, die wir uns schrittweise wieder abgewöhnen können. Wie bei jeder Fähigkeit bedarf es auch hier der Aufmerksamkeit und der Übung. Die Ärger-Kompetenz ist wie ein Muskel, der trainiert und benutzt werden möchte. Im Gegensatz zur körperlichen Fitness bleiben einem die Erkenntnisse und erlangten Kompetenzen jedoch dauerhaft erhalten. Was man einmal erfahren hat, das verlernt man nicht wieder.

Wer in der Lage ist, den eigenen Ärger kompetent zu klären, kann dies in seinen Beziehungen weitergeben und als Vorbild fungieren. Ob als Partner oder Partnerin, Elternteil, Führungskraft oder einfach nur als Mitglied unserer Gesellschaft.

Dieses Buch verhindert zukünftige Ärger-Anlässe und Konflikte nicht. Sie sind und bleiben Teil unseres Lebens, und wir werden immer wieder aufs Neue herausgefordert. Mit diesem Buch möchte ich jedoch einen Prozess weitergeben, wie wir Ärger-Anlässe klären können und es schaffen, selbstbestimmt aus dem Ärger auszusteigen. Es soll dabei helfen, Beziehungen auch über schwierige Phasen hinweg klar und möglichst ärger-frei zu gestalten. Es ist ein Baustein auf dem Weg zu mehr Gelassenheit und innerer Zufriedenheit, eine mögliche Antwort auf die Frage: Frei von Ärger – wie geht das?

Teil I

Ärger-Bewusstsein

1. | Ärger erkennen

In diesem Kapitel beschäftigen wir uns mit den Signalen des Ärgers, mit seinem Gegenpol, der Gelassenheit, mit den negativen Seiten des Ärgers (Kosten) und den positiven Seiten (Nutzen) sowie unserer Möglichkeit, zwischen Ärger und Gelassenheit zu wählen.

Das Ärger-Bewusstsein ist von so großer Bedeutung, weil wir den eigenen Ärger häufig nicht erkennen können oder nicht anerkennen möchten, wenn wir mittendrin stecken. Wenn wir sozusagen ärger-blind sind oder unseren Ärger aufgrund seiner positiven Eigenschaften in dem Moment schätzen, dann wollen wir von seinen negativen Auswirkungen und der eigenen Wahlmöglichkeit auf einmal nichts mehr wissen. Was wir hier erarbeiten, soll daher als Hilfe dienen, den eigenen Ärger zu erkennen, sich im Ärger-Fall an die negativen Seiten des Ärgers zu erinnern und innezuhalten, um erste Schritte Richtung Klärung zu gehen.

Wann ärgern wir uns eigentlich? Wann man von Ärger spricht, darüber lässt sich vortrefflich streiten. Leichter gelingt vielleicht eine Einschätzung über das Gegenteil von Ärger, den Zustand der Gelassenheit: Wenn ich gelassen und entspannt bin, dann bin ich ganz ärger-frei. Wenn ich mich ärgern würde, dann wäre ich nicht gelassen. In einem bestimmten Moment bin ich wirklich gelassen, wenn ich zu 100 Prozent gelassen bin, ich kann nicht nur ansatzweise gelassen sein. Dagegen ärgere ich mich bereits, wenn ich mich ganz wenig über etwas aufrege. Sobald ich mich aufrege oder genervt bin, sei es zu 0,1 Prozent oder zu 100 Prozent, bin ich in dem Moment nicht mehr gelassen, und es gibt einen Ärger-Anlass, den man klären könnte. Wenn wir anderen oder uns selbst in einer potenziellen Ärger-Situation weismachen möchten, dass wir uns gar nicht ärgern, dann können wir uns selbst fragen „Bin ich in diesem Augenblick gelassen?", um unsere Behauptung zu überprüfen.

Zur Veranschaulichung, ob man sich gerade ärgert oder nicht, benutze ich gerne das Bild des klaren Wassers: Wenn ich gelassen bin, ist das Wasser glasklar. Wenn ich mich ärgere, nimmt das Wasser eine leichte Trübung an oder wird sogar zu einer pechschwarzen Brühe, je nachdem wie stark mein Ärger ist. Schon ein kleiner Tropfen unklaren Wassers genügt, um das Wasser zu trüben – ich bin im Ärger-Zustand.

Warum ist das so wichtig? Wenn ich mir mehr Gelassenheit wünsche, kann ich das nur erreichen, indem ich mich von meinem Ärger befreie. Dies setzt voraus, dass ich ihn erkenne. Wir ärgern uns nicht ständig und nicht immer, aber immer wieder. Über neue Dinge, über alte Sachen, mal mehr, mal weniger. Der Ärger hält vielleicht nur ein paar Sekunden an oder begleitet uns viele Jahre und entwickelt sich unbemerkt zu unserem Weggefährten. Auf jeden Fall ärgern wir uns viel mehr, als wir glauben. Je besser wir uns und unseren Ärger kennen und diesen annehmen, desto leichter und schneller gelingt uns der Ausstieg.

ÜBUNG

Beobachten Sie sich selbst:

Wann sind Sie wirklich gelassen und wann nicht? Wann ärgern Sie sich? Wann regen Sie sich auf?

Wie viel Prozent des Tages sind Sie gelassen? Die restliche Zeit scheint Sie etwas emotional zu beschäftigen. Ärgern Sie sich vielleicht über etwas, egal wie klein oder unbedeutend der Anlass auch sein mag? Nutzen Sie die Gelassenheit als Hilfsmittel, um den eigenen Ärger zu erkennen und sichtbar zu machen.

*

1.1 Ärger-Anlässe

Ärger-Anlässe gibt es unzählige. Was den einen kaltlässt, ärgert den anderen ungemein. Wir müssen also zuerst herausfinden, was unsere persönlichen Ärger-Themen sind. Vielleicht kristallisieren sich einige Ärger-Anlässe heraus, die einen immer wieder auf die Palme bringen. Das sind beliebte Knöpfe, die uns, wenn sie gedrückt werden, zuverlässig in einen Ärger-Zustand katapultieren können.

Um sich des eigenen Ärgers bewusst zu werden, empfehle ich Ihnen, alles aufzuschreiben, was Sie aufregt oder ärgert. Das können bestimmte Themen sein wie Klimaschutz oder die Rolle von Mann und Frau, bestimmte Situationen, wie im Straßenverkehr im Stau zu stehen, die Übernahme einer schwierigen Aufgabe oder bestimmte Personen, die Sie herausfordern. Sich über sich selbst zu ärgern gehört auch dazu. Obwohl ich mich in diesem Buch primär auf die Beziehung ICH / DU konzentriere, ist es hilfreich, alles aufzuschreiben, was Ihnen auffällt. Von der Verletzung der Menschenrechte bis zur berühmten offenen Zahnpastatube sind alle Ärger-Anlässe als Übungsfeld hilfreich.

Der erste Schritt zur Ärger-Klärung besteht darin, den Ärger-Anlass zu benennen, ihm einen Namen zu geben. Da einige Themen sehr komplex sind oder sich viele Ärger-Anlässe über die Zeit zu einem regelrechten Ärger-Knäuel miteinander verwoben haben, ist das nicht immer so leicht.

Versuchen Sie, das, was Sie ärgert, in einer einfachen klaren Aussage zu formulieren nach dem Motto: „Es ärgert mich, wenn meine Vorgesetzten mich nicht einbeziehen." Oder: „Es ärgert mich, wenn mein Kind seine Hausaufgaben nicht macht." Wichtig ist dabei, überwältigende oder unübersichtlich erscheinende Ärger-Anlässe in einzelne Auslöser zu unterteilen. Wenn zum Beispiel die Schwiegermutter ein großer Ärger-Anlass sein sollte, dann reicht das Gefühl „ich ärgere mich über die Schwiegermutter" nicht aus. Wir müssen aufschreiben, *was* genau es ist, was uns an der Schwiegermutter nervt. Beispielsweise: „Es ärgert mich, dass wir jeden Sonntag die Schwiegermutter zum Essen bei uns haben. Es ärgert mich, dass ich wegen ihr nicht kochen kann, was ich möchte. Es ärgert mich, dass sie die ganze Zeit nur über ihre Krankheiten redet. Es ärgert mich, dass sie sich nicht nach meiner Arbeit erkundigt, usw."

Berufliche Ärger-Anlässe sind genauso geeignet zur Schärfung des Ärger-Bewusstseins wie private Themen. Sammeln Sie am besten beides. Manchmal fällt es uns im Privatleben leichter, uns vom Ärger zu befreien, manchmal im Berufsleben.

ÜBUNG

Führen Sie eine Liste über Ihre persönlichen privaten und beruflichen Ärger-Themen, Ärger-Situationen und „Ärger-Personen". Versuchen Sie, jedes einzelne Ärgernis in einem Satz zu formulieren: „Es ärgert mich, wenn …" Manchmal ärgern uns viele verschiedene Dinge bei einer Person oder in einer Situation. Schreiben Sie möglichst alle Ärger-Faktoren auf.

Nehmen Sie die Ärgernisse einfach nur bewusst wahr und erfassen Sie sie, ohne diese zu bewerten, zu klären oder tiefer einzusteigen. Sammeln Sie Ihre Ärger-Anlässe und lassen Sie sie stehen. Nutzen Sie die Geduld des Papiers. Mal schauen, was im Verlauf des Buches mit Ihrer Ärger-Liste passiert.

*

1.2 Ärger-Signale

Ob wir uns ärgern, können wir sehr schnell an unseren Körpersignalen erkennen sowie daran, wie wir uns fühlen, sprechen, als Person auftreten und uns verhalten. Wir wollen die unterschiedlichen Wahrnehmungsmöglichkeiten im Folgenden einzeln betrachten und unser Bewusstsein für die Ärger-Signale schärfen, um möglichst frühzeitig auf eine Ärger-Situation reagieren zu können. Da auch hier gilt, dass jeder Jeck anders ist und anders reagiert, lade ich Sie ein, beim Lesen auf die persönlichen Signale zu achten.

Welche Signale sendet der Körper, wenn wir uns ärgern?

Die meisten Teilnehmerinnen und Teilnehmer meiner Anti-Ärger-Kurse spüren folgende Veränderungen in ihrem Körper, wenn sie sich ärgern: hoher Blutdruck, Hitzewallungen (oder im Gegenteil: Kälte), Herzrasen, Muskelanspannungen (besonders im Rücken oder Nacken), „Knoten" im Bauch, Bauchschmerzen, Beklemmungen beim Atmen. Manchen Menschen schwillt sprichwörtlich der Hals oder platzt der Kragen.

Wenn wir unser Ärger-Thema mit in die Nacht nehmen, dann kann es uns unseren kostbaren Schlaf rauben. Ärgern wir uns über einen längeren Zeitraum und können nicht vom Ärger abschalten, kann er auch ernsthaft krank machen.

ÜBUNG

Was passiert in Ihrem Körper, wenn Sie sich ärgern? Woran erkennen Sie den eigenen Ärger? Freunden Sie sich mit diesem Signal an, denn es weist Sie auf einen Ärger-Anlass hin, auch wenn Sie selbst keinen erkennen oder vor lauter Ärger ärger-blind sein sollten.

*

Wie fühlen wir uns, wenn wir uns ärgern?

Die Gefühle, die mir zur Beschreibung des Ärger-Zustands immer wieder genannt werden, reichen von machtlos, hilflos, überfordert, genervt, fassungslos, unverstanden bis hin zu wütend, verzweifelt und aggressiv. Das vorherrschende Gefühl ist das der Ohnmacht und der Frustration, dass etwas anders ist, als man es sich wünscht, und es einem nicht gelingt, dies zu ändern. Man hat das Gefühl, in einer Sackgasse zu stecken, festgefahren zu sein und nicht weiterzukommen. In unserer Machtlosigkeit und Bewegungslosigkeit können wir uns schnell als Opfer fühlen. Wir können uns vom Ärger beherrscht und fremdbestimmt fühlen.

Für mich persönlich ist der Ärger wie ein Hilfeschrei: Hilfe, hier passt mir etwas nicht; Hilfe, ich muss mir das unbedingt anschauen; Hilfe, ich muss schnell etwas unternehmen, um die Situation zu verändern.

Vielleicht hilft Ihnen diese Metapher des Hilferufs, um sich dem eigenen Ärger und dem anderer Menschen leichter zuwenden und ihm leichter zuhören zu können.

ÜBUNG

Welche Gefühle löst der Ärger bei Ihnen aus? An welchen Gefühlen erkennen Sie, dass Sie sich ärgern? Wie würde Ihr Hilfeschrei lauten?

*

Wie verändern sich unsere Sprache und Stimme, wenn wir uns ärgern?

Unsere Sprache und unsere Stimme verändern sich in einer Ärger-Situation – abhängig von der Strategie, die wir in Ärger-Fällen anwenden. Einige Menschen reden immer schneller und lauter, andere werden immer leiser. Wir Frauen klettern mit unserer Stimme ein paar Oktaven nach oben oder der Druck in der Stimme nimmt zu. Unsere Stimme kann sich überschlagen, wird zittrig oder brüchig. Vom Redeschwall über Redestau bis hin zu kurzen, befehlsartigen Sätzen und Ausrufen ist alles möglich. Die Qualität des Inhalts kann ebenfalls drastisch nachlassen.

Als Coach gibt mir die Stimme viele Informationen, ohne die meine Arbeit kaum vorstellbar wäre. Die Stimme signalisiert, wie es uns und dem anderen geht. Dabei ist es unheimlich schwierig, seine Stimme verstellen zu wollen, um einen Ärger-Zustand zu vertuschen. Man hört in der Regel den Versuch, sich und seine Emotionen unter Kontrolle zu halten, heraus oder die Anstrengung, einen bestimmten Eindruck nach außen zu vermitteln.

Viel schöner ist es, auf seine Stimme zu hören und sie als verlässliches Signal dafür anzunehmen, ob wir gelassen sind oder verärgert. Wenn ich höre, dass meine eigene Stimme schneller oder lauter wird und an Intensität zunimmt, dann gehen bei mir alle Alarmglocken an: „Hilfe, da stört mich etwas, ich ärgere mich. Ich sollte anhalten und hinschauen."

ÜBUNG

Ich lade Sie ein, die Stimme bewusst als eine Art Antenne zu nutzen, denn sie verrät Ihnen ganz schnell, wo Sie oder andere sich im Ärger-Prozess gerade befinden. Sie hören es an Ihrer eigenen Stimme und auch an der Ihres Gegenübers.

Körper, Gefühl, Sprache und Stimme verraten uns, wie es uns geht und ob wir uns ärgern. Welches ist für Sie das sichere Anzeichen dafür, dass Sie sich ärgern? Die Anspannung im Körper oder die Ungeduld in der Stimme? Wenn Sie sich nicht sicher sind, dann fragen Sie Ihre Umgebung.

*

Was für eine Person werden wir, wenn wir uns ärgern?

Leider fällt nicht nur uns auf, dass wir uns ärgern, sondern auch unserer Umgebung. Diese ist wahrscheinlich weniger besorgt, was mit unserer Stimme oder unserem Körper passiert oder wie wir uns gerade fühlen. Die Umgebung muss sich mit der Person auseinandersetzen, die wir sind, wenn wir uns ärgern. Dann zeigen wir uns nämlich nicht unbedingt von unserer besten Seite. Jeder von uns entwickelt eine ganz eigene Ärger-Persönlichkeit. Die Teilnehmenden in meinen Kursen beschreiben sich unter anderem als unfreundlich, ungerecht, kurz angebunden, rücksichtslos, verständnislos, unnachgiebig, intolerant und egoistisch, wenn sie sich im Ärger-Modus befinden. Wir können unsachlich, verletzend, beleidigend, eklig, zickig und zynisch werden. Wir sind vielleicht erfüllt von Hass und Verachtung. Andere ziehen sich zurück oder werden weinerlich. Wieder andere nehmen eine Opfer-Rolle ein.

Die Ärger-Persönlichkeit, zu der wir manchmal werden, wenn wir uns ärgern, wird als das Gegenteil von dem beschrieben, was wir eigentlich sind oder sein möchten. Wenn ich mich ärgere, dann bin ich nicht ich selbst – oder man sagt auch: Ich bin außer mir (vor Wut).

ÜBUNG

Wie würden Sie sich im gelassenen Zustand beschreiben? Zu welcher Person werden Sie, wenn Sie sich sehr ärgern? Mit welcher Person möchten Sie lieber in einer Beziehung stehen – mit der Ärger-Version Ihrer selbst oder der gelassenen? Wie ist es für andere, mit Ihnen zusammen zu sein, wenn Sie Ihre Ärger-Persönlichkeit zeigen?

*

Menschen, die sich viel und intensiv ärgern, können sehr unter den Eigenschaften leiden, die sie im Ärger-Fall entwickeln. Und die Umgebung leidet meist mit. Wir mögen uns selbst nicht, wenn wir stark verärgert sind, und die anderen mögen uns auch nicht.

Den allergrößten Schaden richten wir allerdings mit unserem Ärger-Verhalten an.

1.3 Ärger-Verhalten

Wir ärgern uns, weil etwas nicht so ist, wie wir es uns wünschen. Wenn wir den Fall, dass wir uns auch über uns selbst ärgern können, als Spezialfall ausklammern, dann liegt es also scheinbar nicht an uns, sondern an anderen, dass unsere Vorstellungen nicht erfüllt werden. Kurz gesagt: Jemand anders ist schuld. Jemand anders verursacht ein Problem. Jemand anders ärgert uns.

Wenn jemand anders schuld an unserem Ärger ist, dann müssen wir diese Person darauf aufmerksam machen, um den Missstand zu beheben. Wenn wir uns ärgern, greifen wir häufig zu den Verhaltensmustern „beschuldigen" und „korrigieren":

> **Ärger-Verhalten: Der andere ist schuld**
> - beschuldigen
> - korrigieren

Nach dem Motto: „Wenn ich kompetente Kollegen hätte, dann könnte ich meine Zeitvorgaben auch einhalten!", „Wenn mein Kind begreifen würde, wie wichtig eine gute Schulbildung ist, dann würde es auch die Hausaufgaben machen!", „Wenn der Typ da vorne anständig fahren würde, dann käme ich auch pünktlich zu meinem Termin!" Der andere ist das Problem. Wenn er oder sie etwas anders machen würde, würde es unser Problem lösen oder zumindest lindern, und unser Ärger wäre verflogen, da er keine Grundlage mehr hätte. So einfach ist das. Und weil das auf den ersten Blick die einfachste und schnellste Lösung ist, verfolgen wir sie auch gerne. Wir beschuldigen und korrigieren in einem fort, um unseren eigenen Vorstellungen und Zielen näher zu kommen.

Wenn wir im Ärger-Fall nicht mit der Schuld der anderen Person beschäftigt sind und sie beschuldigen oder korrigieren, dann sind wir mit der Schuldlosigkeit auf unserer Seite beschäftigt und verteidigen und rechtfertigen uns. „Du bist schuld" und „ich bin nicht schuld" sind zwei Seiten der gleichen Medaille, je nachdem auf welche Seite man den Fokus legt:

> **Ärger-Verhalten: Ich bin nicht schuld**
> - verteidigen
> - rechtfertigen

Wir beteuern und versichern unsere Unschuld. „Ich mache alles richtig und gefährde nicht den Zeitplan!", „Ich unterstütze mein Kind schulisch, wo ich nur kann, mehr kann man von einem Elternteil wirklich nicht verlangen!", „Ich bin pünktlich losgefahren, kann ja keiner mit so viel Inkompetenz auf den Straßen rechnen!" Wir sind nicht das Problem, der andere ist es.

ÜBUNG

Wenn Sie zum Beispiel zu spät zu einem Meeting oder einer privaten Einladung kommen und den Impuls verspüren, sich zu rechtfertigen, geben Sie ihm nicht nach! Entschuldigen Sie sich für die Verspätung und schließen Sie sich entspannt dem Meeting oder der privaten Runde an. Den Impuls, sich zu rechtfertigen, spüren wir sehr gut. Ihm nicht nachzugeben ist eine einfache tägliche Übung. Nach einer Weile werden Sie merken, dass der Impuls nachlässt und Sie auch ohne Rechtfertigung prima zurechtkommen.

*

Es gibt auch beim Ärger-Verhalten viele verschiedene Muster bis hin zur Aggressivität, die großen Schaden anrichten können. Alle Ärger-Verhalten zu beschreiben würde ein eigenes Buch füllen. In diesem wollen wir es erst gar nicht so weit kommen lassen und den Ärger bereits bei seiner Entstehung näher betrachten und klären. Wir konzentrieren uns daher auf erste gängige Reaktionen, die nach meiner Coaching-Erfahrung weitverbreitet sind und leicht erkannt werden: diese beiden Verhaltensweisen „beschuldigen und korrigieren" einerseits und „verteidigen und rechtfertigen" andererseits. Je nachdem, ob wir der anderen Person die Schuld zuschieben oder uns selber davon freisprechen möchten.

Vielleicht sind Sie in Gedanken gerade bei einem aktuellen Ärgernis, und es regt sich Widerstand in Ihnen: „Aber der andere ist doch wirklich schuld daran!" oder „An mir liegt es wirklich nicht!". Glaube ich Ihnen. Die Frage ist auch nicht, wer hat recht und wer hat unrecht (dazu mehr beim Ärger-Haken „Der Urteilsknopf"), sondern wie hilfreich die Verhaltensmuster „beschuldigen" und „rechtfertigen" sind. Was lösen diese Verhaltensmuster beim anderen aus? Wenn ich beschuldigt werde, dann animiert mich das dazu, mich zu rechtfertigen. Wenn ich mich von Schuld freispreche, lade ich die andere Person ein, mir meinen Beitrag zum Konflikt aufzuzeigen und mich zu korrigieren. Und so können wir in eine Spirale geraten, aus der man immer schwieriger aussteigen kann.

Was wir tun können, können wir auch lassen. Wir können das Beschuldigen und Rechtfertigen einfach unterlassen.

ÜBUNG

Ich lade Sie ein, sich eine Woche lang die eingehenden E-Mails oder Messages auf Ihren beruflichen Accounts daraufhin anzuschauen, ob der Absender Sie beschuldigt und korrigiert oder sich selbst verteidigt und rechtfertigt. Bei Ihrer Antwort auf diese E-Mails bzw. Messages bitte ich Sie, diese noch einmal vor dem Versenden daraufhin zu prüfen, ob Sie eventuell verteidigen und rechtfertigen oder selbst korrigieren und beschuldigen. Bei jedem Satzteil können Sie sich fragen, ob er der Sache dient oder nicht. Wenn nicht, dann streichen Sie ihn einfach.

Diese Übung wende ich regelmäßig an. Dabei verschwinden solch wenig hilfreichen Halbsätze und Hinweise wie: „Wie ich Ihnen bereits vor drei Wochen mitgeteilt habe …"

Alternativ können Sie im Gespräch mit Ihrem Partner, Ihren Kindern, den Nachbarn, Freunden oder mit Kollegen, Kunden, Lieferanten, Service-Hotlines etc. darauf achten, ob Sie oder der andere gerade beschuldigt oder rechtfertigt. Die Ärger-Signale helfen Ihnen beim Erkennen. Versuchen Sie auf Beschuldigungen und Rechtfertigungen bewusst zu verzichten und stattdessen zum Wohle der anderen Person zu informieren und zu erklären.

*

Es gibt sehr hilfreiche Verhaltensalternativen zu „beschuldigen" und „rechtfertigen", die allerdings voraussetzen, dass wir nicht mehr im Ärger-Modus sind. Um sich diese alternativen Verhaltensweisen bewusst zu machen, werden wir im nächsten Abschnitt den Gegenpol des Ärgers, die Gelassenheit, näher betrachten.

1.4 Der Gegenpol des Ärgers – die Gelassenheit

Wie sind wir und vor allem wer sind wir, wenn wir uns nicht ärgern? Welche Signale sendet unser Körper, wie fühlen wir uns, wie sprechen wir, als was für eine Person treten wir auf und wie verhalten wir uns?

Um diese Fragen zu beantworten, ist es hilfreich, sich Momente in Ihrem Leben oder Situationen vorzustellen, in denen Sie in Beziehung mit anderen Menschen standen und dabei völlig gelassen waren. Hier einige Beispiele, die mir in meinem Coaching und Training genannt werden: ein Abendessen im Kreis guter Freunde und Freundinnen, eine Entdeckungsreise mit einem geschätzten Reisegefährten, die gemeinsame Obsternte in Omas Garten, ein Grillabend in den Dünen, ein Herbstspaziergang mit einem lieben Menschen oder die gemeinsame Skiabfahrt durch einen tief verschneiten Wald, ein zeitkritisches oder schwieriges Projekt, bei dem aber alle Beteiligten an einem Strang gezogen haben, ein wichtiges Meeting, in dem alle Anwesenden zusammen einen Weg gefunden haben.

Wenn wir gelassen sind, dann ist unser Körper entspannt, wir fühlen uns wohl, was sich auch auf unsere Sprache und Stimme auswirkt. Die Stimme klingt tiefer, ist ruhig, wir sprechen langsamer. In diesen Phasen sind wir im Einklang mit uns selbst und in Verbindung mit anderen. Viele Menschen beschreiben diesen Zustand als sehr angenehm, weil sie so sein können und sich so angenommen fühlen, wie sie sind, und sich nicht anstrengen oder verstellen müssen. Um gelassen sein zu können, muss man nicht verreisen oder im Urlaub sein. Gelassene Momente gibt es sehr viele im beruflichen und privaten Alltag. Ich lade Sie ein, Ihr Bewusstsein dafür zu schärfen und auch diesen Muskel zu trainieren, um aus diesen gelassenen Momenten gezielt Zufriedenheit und Energie zu schöpfen.

Vielleicht gibt es auch einen bestimmten Ort der Gelassenheit, der Ihnen am Herzen liegt und den Sie ganz bewusst zwischendurch gedanklich besuchen können. Für den einen ist das der Weitblick in die Ferne, für den anderen der Sessel neben dem Kamin oder die Bank in der Sonne.

Das Größte an der Gelassenheit ist für mich nicht so sehr der Wohlfühlfaktor, das Bei-sich-Sein oder die Zufriedenheit, sondern was auf einmal alles möglich ist oder wird. Wenn wir gelassen sind, dann gelingen uns Dinge, an denen wir uns sonst die Zähne ausbeißen. Die Gelassenheit gibt uns Perspektive und bestätigt, dass wir uns nicht ärgern müssen, sondern bereits die Kompetenz besitzen, Dinge ganz entspannt anzugehen. Auch schwierige oder unangenehme Dinge.

ÜBUNG

Wie fühlt sich Gelassenheit für Sie an? Wie geht es Ihrem Körper und wie hört sich Ihre Stimme an? Was für ein Mensch sind Sie, wenn Sie gelassen sind? Gibt es einen speziellen Ort oder eine bestimmte Situation, in der Sie gelassen sind und nichts Sie ärgern oder aus der Ruhe bringen kann? Was ist alles möglich, wenn Sie gelassen sind?

Ich lade Sie ein, diese Momente der Gelassenheit – auch wenn sie manchmal kurz sind – ganz bewusst zu erleben. Dehnen Sie diese wertvollen Momente aus und geben ihnen mehr Raum in Ihrer Wahrnehmung. Die eigene vorhandene Gelassenheit zu stärken hilft auch, den Ärger schneller zu verlassen.

*

Verhalten bei Gelassenheit

Was machen wir anders, wenn wir gelassen sind?

Wenn wir diese Fragestellung in meinen Anti-Ärger-Kursen bearbeiten, dann kommen häufig folgende Antworten: Wir öffnen uns, interessieren uns für die andere Person, hören besser zu, lassen uns auf Neues ein, stellen eine Verbindung her, werden toleranter und friedfertiger. Wenn wir gelassen sind, geht es nicht nur um uns, sondern um das WIR und die Menschen, mit denen wir in Verbindung stehen.

Diese Verhaltensweisen, die uns bei Gelassenheit mühelos und ganz von alleine gelingen, stellen eine Alternative dar zu den beiden beschriebenen Ärger-Verhaltensweisen „beschuldigen" und „rechtfertigen".

Bevor ich eine andere Person beschuldige und korrigiere, kann ich mich für ihre Position interessieren, neugierig sein und erst einmal nachfragen und zuhören. Ich weiß nicht, wie oft ich von einem Ärger-Trigger direkt ins Beschuldigen gesprungen bin, und im Nachhinein gab es gute Erklärungen für den Sachverhalt, der meinen Ärger entfacht hatte. Hätte ich innegehalten, zuerst nachgefragt, zugehört und mich für andere Darstellungen in der Situation interessiert, wäre mir der Ärger von vornherein erspart geblieben und meiner Umgebung auch. Nachfragen und zuhören sind sehr einfache und wirkungsvolle Alternativen zum Beschuldigen.

> **Verhalten bei Gelassenheit anstelle von Beschuldigen und Korrigieren**
> - nachfragen
> - zuhören

Ein praktisches Beispiel dazu: Statt mein Gegenüber zu beschuldigen, nicht termingerecht per E-Mail geliefert zu haben, könnte ich zuerst nachfragen, ob er mir etwas geschickt hat. Vielleicht habe ich ja die E-Mail übersehen oder sie ist im Spam-Ordner gelandet. Wurde mir nichts zugeschickt, kann ich weiter nachfragen, was der Lieferung im Wege steht. Wenn ich nicht beschuldige und stattdessen offen nachfrage und zuhöre, erleichtert es beiden Seiten den konstruktiven Austausch und damit hoffentlich auch den Weg zu einer Lösung.

Anstelle der eigenen Rechtfertigung können wir den anderen informieren und unsere Position erklären. Dabei liegt der Fokus nicht auf uns und unserem Bedürfnis, uns von einem schuldhaften Verhalten freizusprechen, sondern auf dem Gegenüber. Wir wollen andere informieren und ihnen etwas erklären – *für* sie. Nicht für uns. Wenn mir zum Beispiel ein Arbeitsfehler unterläuft, kann ich meinen Fehler mit unzähligen Argumenten rechtfertigen. Da fällt mir immer etwas ein. Ich kann dem Impuls, mich zu rechtfertigen, aber auch widerstehen und es einfach lassen. Die entscheidende Frage ist: Gibt es etwas im Zusammenhang mit meinem Fehler, was andere wissen sollten, was ich erklären oder worüber ich informieren sollte? Informieren und Erklären dienen dem anderen.

> **Verhalten bei Gelassenheit anstelle von Verteidigen und Rechtfertigen**
> - informieren
> - erklären

Bei der Rechtfertigung kann ich genau den gleichen Satz einmal aus dem rechtfertigenden Ärger heraus oder aus der informierenden Gelassenheit heraus sagen. Nehmen wir an, ich komme zu spät zu einer Party, weil ich meinem Kind noch bei den Hausaufgaben geholfen habe. Ich kann völlig genervt, angespannt und mit den Augen rollend sagen: „Tut mir leid, dass ich zu spät bin, ich habe meinem Kind noch bei den Hausaufgaben geholfen." Oder ich sage exakt den gleichen Satz in totaler Gelassenheit, freundlich und entspannt. Ich erkläre der anderen Person die Verspätung, damit sie den Grund kennt.

Vielleicht kennen Sie eine Person in Ihrem privaten oder beruflichen Umfeld, die dieses gelassene Verhalten zeigt und in deren Gegenwart es Spaß macht, sich aufzuhalten oder zu arbeiten. Das sind zum Beispiel Führungskräfte, die einen in Vorgänge aktiv einbeziehen, oder Personen, die sich für die Meinung anderer interessieren und zuhören. Sie informieren und erklären, weil es ihnen ein Anliegen ist. In diesem Umfeld sind auch Kontroversen erlaubt und schwierige Themen lösbar. Wie ärgert sich diese Person und wie gelassen ist sie? Ein solcher Mensch kann uns ein Vorbild bei unseren Bemühungen sein, uns weniger zu ärgern.

Oft höre ich die Frage: „Wie gelingt es mir, das Beschuldigen durch Fragen und Zuhören und das Rechtfertigen durch Informieren und Erklären zu ersetzen, wenn ich im Ärger feststecke? Dafür muss ich ja gelassen sein, und das bin ich im Ärger-Modus nicht." Einverstanden, das gelingt nicht immer und sofort. Wir haben den Prozess noch nicht kennengelernt, wie man den Ärger klären und in die Gelassenheit wechseln kann. Wir sind noch dabei, unser Bewusstsein für den Ärger zu schärfen. Nichtsdestotrotz helfen diese alternativen Verhaltensoptionen vielen Menschen bereits als mögliche Exit-Strategie. Zudem gibt es eine erste Antwort auf das WIE, wenn man nicht mehr beschuldigen und rechtfertigen möchte. Wie ein bewusst gesetztes Lächeln die eigene Stimmung bereits heben kann, so hilft eine an den anderen gerichtete offene Frage oder einfaches Zuhören dabei, den eigenen Ärger loszulassen und den Fokus auf sein Gegenüber zu richten.

ÜBUNG

Ich lade Sie ein, die Kraft der Visualisierung zu nutzen und sich einen Zettel an den PC oder den Kühlschrank zu hängen mit den beiden Verhaltensweisen „beschuldigen → fragen" und „rechtfertigen → informieren". Beobachten Sie das eigene Verhalten eine Zeit lang ganz bewusst in dieser Hinsicht. Manchmal fällt es uns leichter, das Beschuldigen und Rechtfertigen zuerst bei anderen zu hören und dann bei uns selbst. Vielleicht bieten sich Gelegenheiten, das Fragen und Informieren auszuprobieren.

Suchen Sie sich eine Person im beruflichen oder privaten Umfeld, die durch gelassenes Verhalten überzeugt, und lassen Sie sich von dieser Gelassenheit inspirieren.

*

1.5 Die eigene Wahl

Die gute Nachricht ist, dass wir wählen können, in welchem Zustand wir uns befinden möchten: Wollen wir uns ärgern oder gelassen sein? Dass wir das selbst bestimmen können, sehen wir an dem Umstand, dass uns die gleiche Sache manchmal ärgert, manchmal nicht. Ich hatte eine Teilnehmerin, die erst anfing, sich zu ärgern, wenn die gleiche Sache zum x-ten Mal vorkam, während ein anderer Teilnehmer, der sich von Anfang an ärgerte, bei der x-ten Wiederholung das Ärgern aufgab.

Vielleicht haben wir als Persönlichkeit eine bestimmte Veranlagung oder kommen aus einem Elternhaus, in dem man sich viel und intensiv geärgert hat. Als Coach bin ich der Überzeugung, dass wir in der Lage sind, selbstbestimmt zu entscheiden, wie wir sein und leben möchten. Was wir tun können, können wir auch lassen. Wer schon einmal Dinge in seinem Leben verändert hat, der weiß, dass das geht. Jeder, der schon einmal eine Diät gemacht hat, weiß, dass man Dinge unterlassen kann. Wir können von heute auf morgen keinen Alkohol oder Kaffee mehr trinken oder keinen Zucker mehr essen. Wir können umgekehrt jederzeit neue Dinge ausprobieren und annehmen. Wir melden uns zum Yoga-Kurs an oder schließen uns einer Laufgruppe an. Wir können jeden Tag aufs Neue entscheiden und versuchen, Dinge anders zu machen.

Auf dem Weg zum Ärger gibt es einige Stellen, an denen wir bereits wählen können, aus dem Ärger auszusteigen, ohne in eine ausführliche Ärger-Klärung zu gehen. Ich nenne diese Punkte Ärger-Abkürzungen. Abkürzung, weil der Ärger und das, was dahintersteht, nicht näher betrachtet, bearbeitet und nachhaltig aufgelöst wird. Ärger-Abkürzungen können auf kurze Sicht trotzdem hilfreich und sinnvoll sein. Wenn man zum Beispiel mal gar keine Lust hat, sich schon wieder über den gleichen Ärger-Anlass aufzuregen.

Am Anfang des Ärgers steht ein möglicher Anlass oder Auslöser/Trigger, etwas, was den einen stören und ärgern könnte, den anderen vielleicht nicht. Nehmen wir als Beispiel einen Verkehrsteilnehmer, der auf der Strecke langsamer fährt als zugelassen und den Verkehr ein wenig aufhält. Wen der Auslöser nicht stört, der hat schon die erste Abkürzung in die Gelassenheit genommen.

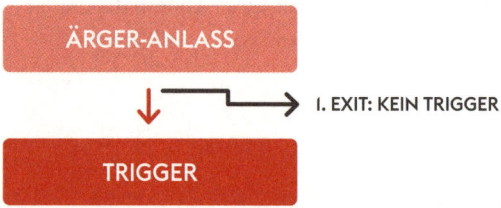

Um sich zu ärgern, muss man den möglichen Ärger-Anlass zuerst bemerken und wahrnehmen und ihm Aufmerksamkeit schenken. Bewusst oder unbewusst. Auch in der Wahrnehmung unterscheiden wir uns alle. Der eine regt sich über etwas auf, was dem anderen gar nicht auffällt. „Hast du den gesehen, der da so langsam fährt?" – „Nein, habe ich nicht." Der eine behält einen Vorfall und Auslöser im Gedächtnis, an den sich der andere schon nach kurzer Zeit nicht mehr erinnert.

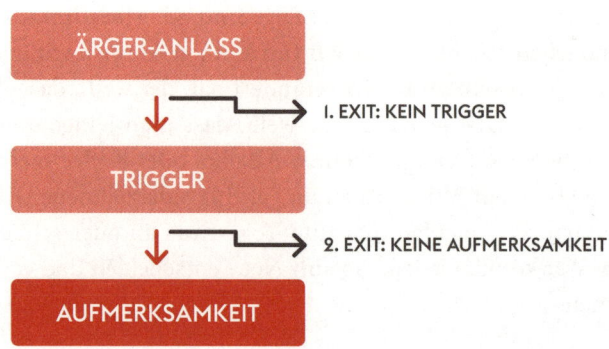

Wir können eine Abkürzung wählen und uns den potenziellen Auslösern, die uns ärgern würden, bewusst entziehen, indem wir vermeiden, sie wahrzunehmen. Nach dem Motto: Was ich nicht weiß, macht mich nicht heiß. Man schließt die Augen oder schaut einfach weg. In der Regel ist der Ärger-Anlass jedoch noch da, wenn man die Augen wieder öffnet oder veranlasst wird hinzuschauen.

Gleichzeitig kann es Sinn machen, nicht allen Dingen im Leben seine ungeteilte Aufmerksamkeit zu schenken. Auch das können wir wählen und bewusst entscheiden. In unserem Beispiel kann ich gezielt nach Verkehrsteilnehmern Ausschau halten, die schneller oder langsamer fahren, als die Polizei erlaubt, und mich trefflich darüber aufregen. Oder ich entscheide mich dafür, mich zu entspannen, und konzentriere mich auf das eigene Fahrverhalten. Ich kann das Haar in der Suppe suchen oder es lassen.

Gibt es einen möglichen Ärger-Anlass und ich entscheide mich dazu, ihn bewusst wahrzunehmen, dann messe ich ihm im nächsten Schritt eine Bedeutung zu. Als Resultat ärgere ich mich oder bleibe gelassen. Mit dieser Bedeutung werden wir uns im Prozess der Ärger-Klärung ausführlich beschäftigen.

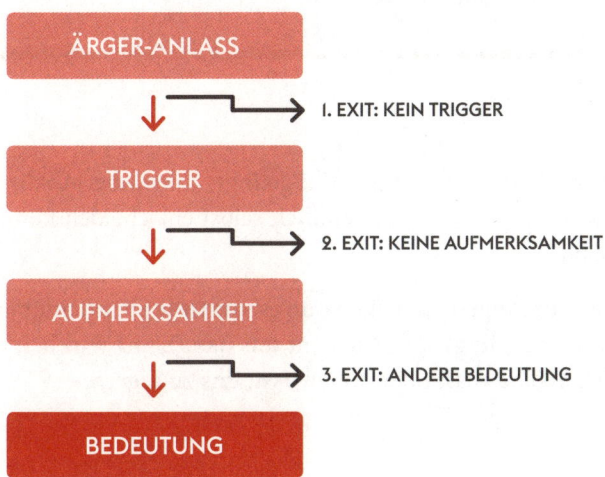

Zuvor haben wir aber noch eine weitere Abkürzungsmöglichkeit: Wir können entscheiden, dem Anlass nicht die Bedeutung zuzuschreiben, die wir ihm normalerweise zuschreiben würden. Ich kann zum Beispiel über einen Ärger-Anlass einfach mal hinweggehen, die berühmten Fünfe gerade sein lassen oder eine Ausnahme machen. Um beim Haar in der Suppe zu bleiben: Ich sehe das Haar in der Suppe vielleicht, und es gefällt mir natürlich nicht, ich fische es heraus und lasse es auf sich beruhen.

Im Verkehrsbeispiel nehme ich die zu langsam fahrenden Verkehrsteilnehmenden wahr, unterlasse aber meine üblichen Kommentare und Korrekturversuche.

ÜBUNG

Ich lade Sie ein, die beschriebenen drei Abkürzungen einmal auszuprobieren:

> **DIE WAHL**
>
> **Drei Ärger-Abkürzungen**
>
> 1. **Kein Trigger**
>   Da ist ein Ärger-Anlass, der mich heute nicht ärgert.
> 2. **Keine Aufmerksamkeit**
>   Dem Ärger-Anlass schenke ich heute nicht meine Aufmerksamkeit und halte auch nicht nach ihm Ausschau.
> 3. **Andere Bedeutung**
>   Das Ärgernis lasse ich heute zu, nehme es an und lasse „fünf gerade sein".

*

Wenn es Ihnen auch nur ein einziges Mal gelingt, eine dieser Abkürzungen zu nehmen, dann wissen Sie, dass wir letztendlich selbst entscheiden können, ob wir uns ärgern oder nicht.

Wenn wir die Abkürzungen versuchen und es uns trotz aller Bemühungen bei einem Ärger-Auslöser nicht gelingt, dann scheint uns das Thema wirklich wichtig zu sein. Wir entscheiden uns bewusst oder unbewusst, uns zu ärgern.

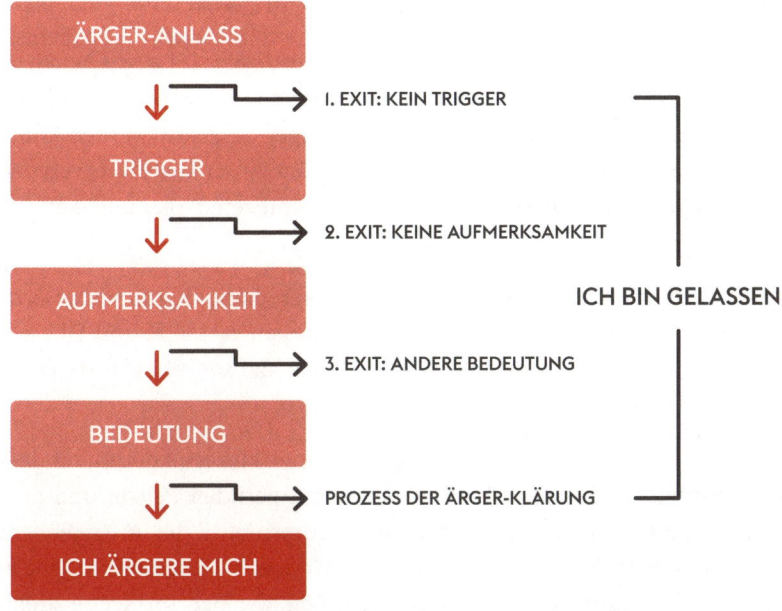

Der Prozess der Ärger-Klärung zeigt einen Weg, wie man sich von seinem Ärger befreien und zur Gelassenheit zurückfinden kann.

1.6 Kosten und Nutzen des Ärgers

Warum ärgern wir uns und warum gelingen uns die Abkürzungen nicht, obwohl wir den Ärger erkennen, uns der eigenen Ärger-Signale bewusst sind und schon eine Idee davon haben, welche Verhaltensweisen wir aus der Gelassenheit übernehmen könnten? Warum bleibt der Ärger oder kommt immer wieder, auch wenn wir das vielleicht gar nicht wollen und uns nichts sehnlicher wünschen, als inneren Frieden zu finden?

Ganz einfach. Es muss etwas geben, das so stark und wichtig ist, dass es die negativen Seiten des Ärgers übertrumpfen kann. Der Nutzen, den der Ärger bringt, muss größer sein als seine Kosten – ob nun bewusst oder unbewusst. Denn keiner kann uns dazu zwingen, etwas zu tun oder zu unterlassen. Das entscheiden wir ganz alleine anhand des Nutzens, den eine Sache für uns hat. Während der Ärger als Emotion mit all seinen Nachteilen leicht wahrgenommen werden kann, erschließt sich der eigene Nutzen vielleicht nicht sofort. Schauen wir uns also die positiven und negativen Seiten des Ärgers genauer an.

Die negativen Auswirkungen und Kosten des Ärgers

Wir haben bereits eine ganze Reihe von Veränderungen auf den Ebenen des Körperempfindens, der Gefühle, der Sprache und Stimme, der Persönlichkeit und des Verhaltens kennengelernt, die durch unseren Ärger ausgelöst werden können und die weder uns noch unserer Umgebung guttun. Der Ärger kostet Nerven und Kraft. Viele Menschen leiden mental und körperlich unter ihrem Ärger und dem jeweiligen Verhalten im Ärger-Modus.

Ärger-Verhalten wie beschuldigen, sich beschweren, korrigieren, verbessern bis hin zu angreifen und beleidigen belastet die Beziehungen von ICH und DU sehr. Viele Verbindungen und Beziehungen zerbrechen sogar daran, sei es in der Arbeitswelt oder im Privatleben.

Selbst wenn es nicht immer zu so drastischen Auswirkungen kommt, bindet der Ärger Zeit, Aufmerksamkeit und Energie der sich ärgernden Person und der Umgebung, die das zu spüren bekommt. In meinen Kursen wird die im Ärger gebundene Zeit von den Teilnehmenden auf 20 bis 30 Prozent am Tag geschätzt. Die zeitliche und emotionale Bindung erfolgt durch Gedanken, die sich im Kreise drehen, eine reduzierte Konzentrationsfähigkeit, aufwühlende Emotionen, die die Beschäftigung mit anderen Dingen blockieren, oder durch die Weitergabe des Ärger-Vorfalls an unbeteiligte Dritte. Die Ausfälle wegen Krankheit aufgrund ärger-bedingter Symptome sind hier noch nicht mitgerechnet. Die Kosten für Unternehmen und die Gesellschaft sind immens.

Neben der verlorenen Zeit und Energie reduziert der Ärger unsere Fähigkeit, uns anderen Menschen und anderen Möglichkeiten zu öffnen. Viele Teilnehmende berichten von dem bekannten Tunnelblick und einer eingeschränkten Sicht auf Lösungsmöglichkeiten, die das Gefühl, im Ärger gefangen zu sein, weiter verstärken können. Im Ärger-Modus erkennen wir nicht nur weniger Optionen, im Zweifelsfall wählen wir auch nicht optimal. Eine gute Kommunikation, Zusammenarbeit, Ko-Kreation und Innovation sind in dem Zustand nur eingeschränkt möglich.

Eine weitere negative Begleiterscheinung des Ärgers ist, dass sich Menschen, die uns einmal in unserem Ärger-Modus mit unserer Ärger-Persönlichkeit erlebt haben, immer wieder daran erinnern werden. Wir können uns unzählige Male dafür entschuldigen, dass wir uns vielleicht unangemessen verhalten oder etwas Verletzendes gesagt haben, der andere wird sich dennoch immer an das Gefühl erinnern können, das wir ihm durch unser Auftreten und unsere Worte im Ärger-Zustand vermittelt haben. Nicht die Handlung ist entscheidend, sondern ob wir sie aus dem Ärger oder aus der Gelassenheit heraus ausgeführt haben. Wenn ich beispielsweise viele Jahre meinen Kindern bei den Hausaufgaben geholfen habe, erinnern sie sich in der

Regel nicht an die helfende Mutter, sondern an die Mutter, die häufig genervt war und lieber andere Dinge gemacht hätte. Ein Vater, der keine Lust hat, seinem Kind zum fünften Mal die gleiche Geschichte vorzulesen, wird dies vor seinem Kind nicht verbergen können. Führungskräfte können noch so beachtliche unternehmerische Leistungen erbringen, man wird sie anhand ihres Führungsstils und des Umgangs mit Ärger-Situationen in Erinnerung behalten.

Der Ärger tut uns und anderen nicht gut, er hinterlässt Spuren – auch äußerlich. Ärger lässt uns altern, wir bekommen graue Haare oder Falten, er macht uns vielleicht krank, raubt uns Zeit und Energie und steht uns privat wie beruflich im Weg. Warum in aller Welt ärgern wir uns dann überhaupt?

Ganz einfach: Weil wir uns ärgern *wollen*.

Die positiven Auswirkungen und der Nutzen des Ärgers

Wir wollen uns ärgern, weil wir etwas wahrnehmen, was unseren Vorstellungen zuwiderläuft und uns so wichtig ist, dass wir das nicht hinnehmen möchten. Wir wollen, dass es anders ist. Das können große gesellschaftliche Themen sein wie Klimaschutz und Chancengleichheit bis hin zu kleinen täglichen Ärgernissen wie „Es regnet schon wieder!".

Wenn die Welt, uns selbst eingeschlossen, sich genauso verhalten und darstellen würde, wie es unseren Vorstellungen, Wünschen und Zielen entspricht, dann wäre alles gut. Die Realität ist aber eine andere.

Wenn wir den Wunsch in uns verspüren, etwas anders haben zu wollen, dann bedeutet das nicht, dass wir tatsächlich an einer Veränderung arbeiten. Manchmal reden wir auch nur darüber. Oder wir versinken bereits vorher im Ärger-Gefühl anlässlich eines vermeintlichen „Missstands", ohne uns im Klaren zu sein, was wir eigentlich stattdessen erreichen möchten. Der Ärger ist der negative Ausdruck, in dem wir häufig stecken bleiben und dann nicht weitergehen.

Interessant ist die positive Aussage: Wie wünsche ich mir die Welt? Wie soll sie sein? Hinter dem Satz „Es regnet schon wieder" steckt vielleicht der Wunsch: „Ich möchte, dass die Sonne scheint, damit ich im Garten sitzen kann."

Hinter dem Ärger steht also ein Wunsch, ein Ziel oder eine Vorstellung, wie Dinge unserer Meinung nach sein sollten. Ich nenne dies den Ärger-Wunsch. Diese Vorstellung ist uns so wichtig, dass wir bereit sind, unsere Zeit und Energie in die Zielerreichung zu investieren. Weil der Zustand, den wir erreichen wollen, uns so viel bedeutet und uns so am Herzen liegt, sehen wir die negativen Auswirkungen unseres Ärgers nicht oder nehmen sie in Kauf. Und keiner kann uns aufhalten. Es ist völlig sinnlos, sich uns in den Weg zu stellen, weil die Energie, die unser Ziel generieren kann, unendlich erscheint. Diese fantastische Energie ermöglicht es uns, Hindernisse zu überwinden, Berge zu versetzen und Unmögliches möglich zu machen. Wir wachsen über uns hinaus und verschieben Grenzen. Viele Menschen lieben das Sprudeln dieser Energie und die Kraft, die sie verleihen kann. In diesem Fall verleiht der Ärger die Flügel und bringt uns ins Agieren.

Kein Wunder, dass wir oft nicht bereit sind, auf diese fantastische Energie zu verzichten, die scheinbar dem Ärger zuzuschreiben ist. Wenn ich meine Teilnehmerinnen und Teilnehmer frage: „Wo spüren Sie diese Energie?", dann berichten alle, dass sie von innen kommt. Denn das, was uns wichtig ist, ist die eigentliche Quelle der Energie, und nicht der Ärger! Es ist der im Ärger-Fall nicht erfüllte Wunsch, der die Energie bereitstellt. Wenn wir diese Energiequelle in uns tragen, haben wir jederzeit Zugang zu ihr und unseren Ressourcen und müssen nicht darauf „warten", dass etwas, was uns wichtig ist, verletzt wird und wir uns ärgern. Sobald wir unseren Wunsch klar sehen und aktiv und selbstbestimmt verfolgen, verschwindet auch der Ärger.

Unsere Wünsche und Ziele scheinen nicht immer nur uns selbst zu betreffen, obwohl es immer um uns geht, wie wir noch sehen werden. Sehr häufig haben wir viele gute Ideen und Vorstellungen für die Welt, die Menschheit oder spezielle Personen und deren Wohlergehen. So wünschen wir uns für unsere Kinder, dass sie den Nutzen eines guten Schulabschlusses für sich entdecken, für unsere Eltern, dass sie sich im Alter helfen lassen, für unsere Vorgesetzten, dass sie ihre Mitarbeiter ihren Fähigkeiten entsprechend einsetzen, und für unsere Enkelkinder, dass die Nachbarn endlich den Müll ordentlich trennen, damit der Planet überlebt.

Wir sind nicht im Auftrag des Herrn unterwegs, aber fast. Wir wollen die Welt verbessern. Wir verfolgen Gutes, für uns und andere, und das immer wieder oder immer noch seit Tagen, Monaten, Jahren.

Wenn wir das, was wir uns wünschen, nicht bekommen, dann wird unser Ärger immer weiter gespeist. Diese Tatsache lässt uns nicht ruhen, bis wir haben, was wir uns vorstellen. Das, was uns wichtig ist, ist eine ewige Quelle der Energie! Sie treibt uns an, bindet uns an ein Thema und hält uns beschäftigt. Und sie ist unerschöpflich, es sei denn, wir klären den Ärger, kommen unseren Zielen näher und ermöglichen der Quelle, sich zu beruhigen.

Wenn die Kosten überwiegen: Kosten > Nutzen

Wenn uns die Kraft zwischendurch kurz verlässt, die Widerstände unüberwindbar erscheinen oder negative Auswirkungen des Ärgers spürbar werden, kommt schon einmal der Impuls, das Unterfangen aufzugeben.

Ein verlockender Ausweg aus dem Ärger ist die Gleichgültigkeit, die sich in Aussagen äußert wie „Leck mich am A …" (LMAA-Haltung), „Habt mich doch alle gern!", „Macht doch euren Sch ... alleine!", „Dann macht es so, dann wird es eben sch …", „Ist mir doch egal!".

Das Verführerische an diesem Ausweg ist, dass wir in dem Moment, in dem wir von der Verfolgung unseres Ziels ablassen, sofort von den negativen Auswirkungen des Ärgers befreit sind. Eine Befreiung, die wir unmittelbar körperlich spüren können. Ganze Steinbrocken rollen von der Schulter, Verspannungen lösen sich, man ist wieder frei und beweglich. Ungeahnt viel freie Zeit steht einem auf einmal zur Verfügung und frei gewordene Energie wartet auf einen neuen Einsatz. Herrlich!

Kaum hat man eine Weile in dieser neu gewonnenen Freiheit gebadet, können sich innere Stimmen zu Wort melden. Was wird denn mit dem Ziel oder aus den Vorstellungen, die ich verfolgt habe? Wer kümmert sich darum oder wer übernimmt das? Habe ich vielleicht zu früh aufgegeben? Vielleicht ist mir das doch nicht gleichgültig?

Wenn der Nutzen überwiegt: Nutzen > Kosten

Nach näherer Betrachtung haben alle Teilnehmenden meiner Anti-Ärger-Kurse die Gleichgültigkeit als Option verworfen, da sie in ihren Ärger-Fällen nicht bereit waren, das, was ihnen wichtig ist, aufzugeben. Die eigenen Ziele loszulassen fühlte sich wie Resignation an. Sie wollten sich privat, beruflich oder gesellschaftlich für die persönlichen Vorstellungen engagieren, Ihre Meinung äußern und sich für eine gute Sache einsetzen. Sie wollten keine Gleichgültigkeit entwickeln für Themen, die für sie eine Bedeutung hatten.

Ob man ein Ziel aufgeben oder weiterverfolgen möchte, kann jeder nur für sich selbst entscheiden. Letztendlich muss man für jeden Ärger-Anlass einzeln abwägen, ob der Nutzen, der aus der Verfolgung der eigenen Vorstellungen resultiert, die Kosten in Form negativer Auswirkungen des Ärgers übersteigt. Das nimmt jeder anders wahr. Für den einen lohnt sich der Einsatz, für den anderen nicht.

Nutzen und Kosten eines bestimmten Ärger-Anlasses werden sich für Sie im Lauf des Buches hoffentlich verändern. Zum einen werden wir uns im zweiten Teil detaillierter mit dem Nutzen des Ärgers beschäftigen. Wir ergründen den Ärger-Wunsch und das, was wir eigentlich erreichen möchten. Wir definieren unsere Ziele und unsere Wünsche klarer, was den Nutzen weiter erhöht. Zum anderen werden die negativen Auswirkungen unseres Ärgers durch die neu gewonnene Klarheit abnehmen. Dank einer gelassenen und ärger-freien Kommunikation, die ich in diesem Buch kurz vorstelle, können wir in einen besseren Austausch gehen, und der Ärger in unseren Beziehungen wird stark abnehmen.

Konflikte und Ärger-Anlässe werden auch in der Zukunft weiterhin auftreten. Durch den Prozess der Ärger-Klärung werden diese nicht vollständig verschwinden. Wir können aber auf unserer Seite den eigenen Ärger klären und damit unser Möglichstes tun, um die eigene Position zu reflektieren, transparent zu machen und Lösungsräume zu öffnen. Wenn wir unseren Ärger klären, schaffen wir zudem neue Möglichkeiten auch auf der anderen Seite.

Bevor wir in die Ärger-Klärung einsteigen, wollen wir im nächsten Kapitel zunächst unser Ärger-Bewusstsein weiter schärfen und uns anschauen, welche Strategien wir häufig anwenden, um die Ziele zu erreichen, die hinter unserem Ärger stecken.

2. | Ärger-Strategien

Bei den Mitteln und Wegen, um unsere Vorstellungen zu erreichen, sind wir denkbar erfinderisch und doch zugleich einfallslos. Einfallslos, weil wir gerne ein und dieselbe Strategie immer wieder anwenden, auch wenn deren Wirksamkeit fraglich ist.

„Dem eigenen Ärger Luft zu machen" durch lautes Beschweren, Schreien, wildes Fuchteln oder Um-sich-Schlagen (verbal oder physisch) sehe ich nicht als geeignete Strategie an, den eigenen Wünschen näher zu kommen. Es mag dem Einzelnen in dem Moment helfen, um aufgestaute Energie abzubauen oder den eigenen Unmut kundzutun, aber der Ärger-Anlass verschwindet damit nicht von der Bildfläche bzw. aus unserer Realität.

Im Folgenden schauen wir uns sechs gängige Strategien näher an, die wir einsetzen, um einen Ärger-Anlass zugunsten unserer Vorstellungen zu ändern. Bei der Betrachtung konzentrieren wir uns exemplarisch auf die Beziehung ICH/DU und stellen uns die Frage, wie wirksam diese Strategien sind.

Wenn in einer Ärger-Situation über ICH und DU hinaus noch weitere Parteien involviert sind, so betrachten wir nur einzelne bilaterale Beziehungen. Das gilt auch für Dreiecksbeziehungen, die im privaten und beruflichen Leben sehr häufig anzutreffen sind.

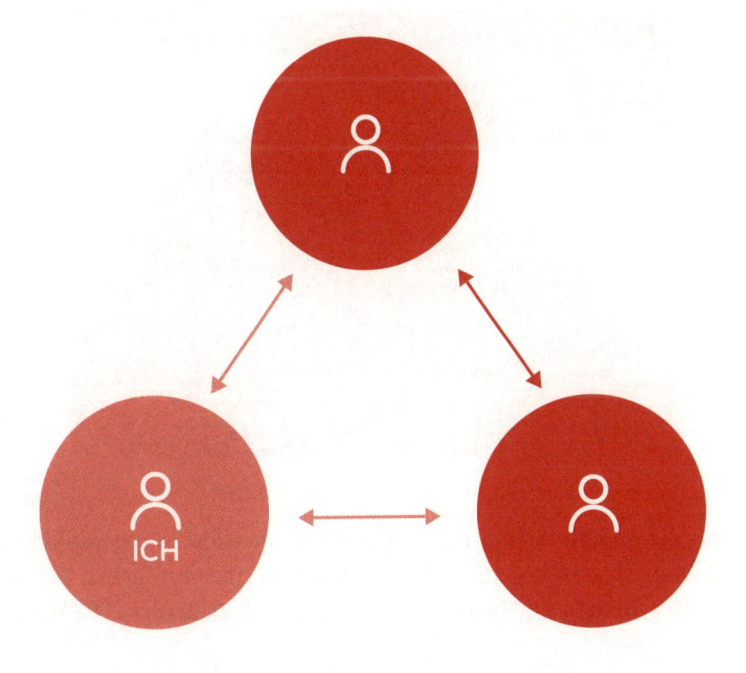

Eine wichtige Dreiecksbeziehung ist beispielsweise die von Mutter, Vater und Kind oder von zwei Kollegen und ihrer Vorgesetzten. Wenn ich Teil einer solchen Konstellation bin, dann ist es hilfreich, zuerst die eigenen bilateralen Beziehungen zu betrachten. Also ICH und mein Kind, ICH und mein Mann. Oder ICH und mein Kollege, ICH und meine Vorgesetzte.

Nehmen wir also an, der andere tut etwas, das uns stört und dazu führt, dass wir uns ärgern.

Das kann der zu schnell oder langsam fahrende Verkehrsteilnehmer sein, die Vorgesetzte, die keine Entscheidung trifft, der Partner, der mehr im Haushalt helfen könnte, das Kind, das sein Zimmer nicht aufräumt, oder die Nachbarn, die den Müll nicht trennen. Die Liste ist endlos.

Klar ist, dass die andere Person den Ärger bei uns auslöst. Sie ist daher nicht nur Ursache, sondern gleichzeitig auch Lösung unseres Ärger-Problems. Würde sie das tun, was wir uns vorstellen, gäbe es keinen Grund, sich zu ärgern. Die Welt wäre aus unserer Sicht in Ordnung und wir gelassen und zufrieden. So einfach könnte es sein. Wunderbar.

2.1 Korrigieren und verändern

Der einfachste und schnellste Weg, die Welt wieder in unserem Sinne zurechtzurücken, kann darin bestehen, den anderen zu korrigieren und zu bitten, die Dinge anders zu machen: Fahr bitte schneller, fahr bitte langsamer, entscheide bitte, hilf mir bitte im Haushalt, räum bitte dein Zimmer auf, bitte trennen Sie Ihren Müll. Wenn die andere Person unserem Wunsch Folge leistet, dann ist alles wieder gut. Dann verschwindet die Ärger-Ursache und wir sind gelassen.

Das Schöne und Bequeme an dieser Strategie ist, dass wir selbst nichts verändern müssen. Aufgabe und Arbeit liegen beim anderen.

Der Haken bei dieser Strategie ist allerdings, dass die andere Person selbst entscheidet, was sie tut und was nicht, und welcher Bitte sie Folge leistet und welcher nicht. Wir können niemanden zu etwas zwingen. Das versuchen wir zwar mit allen möglichen Verhaltensweisen wie Manipulieren, Bestrafen, Bestechen, Begünstigen, Honig um den Bart schmieren, Erpressen, Bedrohen etc. Wir können noch so viel Druck aufbauen oder mit Belohnungen locken, die letzte Entscheidung liegt beim anderen. Wer mal versucht hat, sein Kind dazu zu bewegen, Spinat zu essen, der weiß, dass man schon bei kleinen Persönlichkeiten auf Granit stoßen kann.

Genauso, wie Ratschläge von der anderen Person nur angenommen werden, wenn sie den Ratschlag für sinnvoll erachtet, so werden Korrekturvorschläge auch nur angenommen, wenn die Person der Änderung zustimmt. Das ist auch gut so, denn wenn jeder von uns in der Lage wäre, andere aktiv zu verändern, dann würde das reinste Chaos ausbrechen: Ich würde versuchen, die Personen um mich herum nach meinen Vorstellungen zu verändern, während die anderen gleichzeitig oder versetzt an meiner Persönlichkeit herumfeilen. Und das im Zweifel gegen den Willen und die Selbstbestimmung des jeweils anderen.

Problematisch und ärgerlich wird es also, wenn unsere Korrekturvorschläge von der anderen Seite nicht angenommen und umgesetzt werden. So schnell geben wir aber unsere Vorstellungen und Ziele nicht auf, denn die Lösung ist so einfach: Der andere braucht es nur so zu machen, wie wir uns das vorstellen. Wir fahren mit unseren Korrekturversuchen also fort in der Hoffnung, sie oder ihn doch noch zu einer Änderung bewegen zu können.

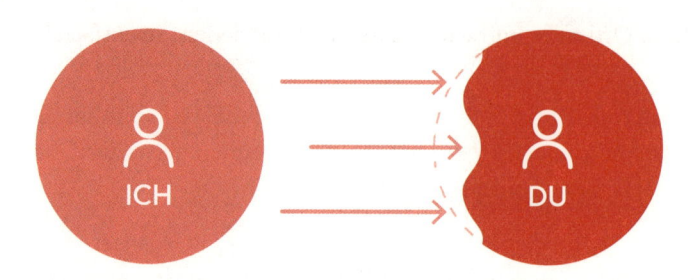

Bekanntlich stirbt die Hoffnung zuletzt, und so merken wir mitunter gar nicht, wie lange wir schon völlig wirkungslos an der Änderung des anderen arbeiten. In meinen Anti-Ärger-Kursen müssen wir oft herzlich darüber lachen, wie viele Jahre oder sogar Jahrzehnte schon vergeblich versucht wurde, eine Person zu verändern. Es gibt Menschen, die gehen jeden Tag zur Arbeit in der Hoffnung, dass der oder die Vorgesetzte heute die Dinge anders machen wird. Heute wird er entscheiden. Heute wird sie mich einbeziehen. Heute wird meine Arbeit wertgeschätzt. Tut mir leid, leider nein. Wahrscheinlich eher nicht.

Einen Menschen verändern zu wollen ist unglaublich anstrengend. Es kostet Zeit, Aufmerksamkeit und Energie, ihn zu einer Handlung zu bewegen, die er von sich aus nicht vornehmen möchte. Wir sind abhängig von der Entscheidung und Aktion des Gegenübers, was ein Gefühl der Ohnmacht und Hilflosigkeit erzeugt. Wir sind ja auch tatsächlich ohne Macht. Der andere entscheidet und handelt – oder eben nicht.

Für die Person, die wir korrigieren und verändern möchten, ist die Situation auch nicht sehr angenehm. Mit unseren Korrekturversuchen mischen wir uns aktiv in ihr Verhalten ein, was als übergriffig empfunden werden kann. Wir versuchen quasi – wie im Schaubild dargestellt –, sie zu verändern und zu verformen. Die wenigsten Menschen lassen sich gerne von anderen verformen. Das erzeugt Widerstand, was der gewünschten Veränderung nicht dienlich ist.

ÜBUNG

Was ich tue, kann ich lassen. Wenn Ihre Korrekturwünsche nach einigen Versuchen von der anderen Person nicht angenommen werden, dann stellen Sie Ihre Bemühungen einfach ein. Keine Sorge, Sie müssen Ihre Ziele nicht aufgeben. Verfolgen Sie diese weiter und lassen Sie gleichzeitig die Veränderungsversuche los. Beobachten Sie, wie es Ihnen damit geht.

*

2.2 Überzeugen und kommunizieren

Wenn der andere auf unsere Bitte hin den Ärger-Anlass nicht abstellt und unsere Korrekturstrategie keinen Erfolg zeigt, dann greifen wir gerne zur Überzeugungsarbeit und verstärken die Kommunikation.

Wir setzen alles daran, den anderen zu überzeugen. Im Gegensatz zum Informieren und Erklären aus dem Kapitel der Gelassenheit möchten wir beim Überzeugen, dass der andere unsere Position nicht nur versteht, sondern auch übernimmt. Wenn er erst einmal unsere Ansicht teilt, wird er den Ärger-Anlass aufgrund der eigenen Einsicht schon abstellen. Wir kommunizieren, um zu überzeugen.

Dabei entwickeln wir viel Kreativität und bedienen uns aller zur Verfügung stehenden Kommunikationskanäle. Wir schreiben E-Mails, rufen an, bitten um ein persönliches Gespräch, bereiten umfangreiche PowerPoint-Präsentationen vor. Wir tragen Argumente zusammen und versuchen, das Thema von allen Seiten zu beleuchten. Wenn der eine Weg nicht überzeugen kann, dann vielleicht ein anderer.

Wenn es darum geht, andere Personen vom eigenen Standpunkt zu überzeugen, legen wir oftmals eine erstaunliche Ausdauer an den Tag. Auch hier können wir einzelne Überzeugungsstrategien über Monate, Jahre oder Jahrzehnte hinweg unermüdlich verfolgen.

Manche feilen an Ihrer Sprache und Ihrem Auftreten und besuchen Rhetorik- oder Kommunikationskurse, um schneller und wirksamer überzeugen zu können. Vielleicht mit Erfolg. Wenn der andere aber nicht möchte, dann prallen alle Überzeugungsversuche unverrichteter Dinge ab.

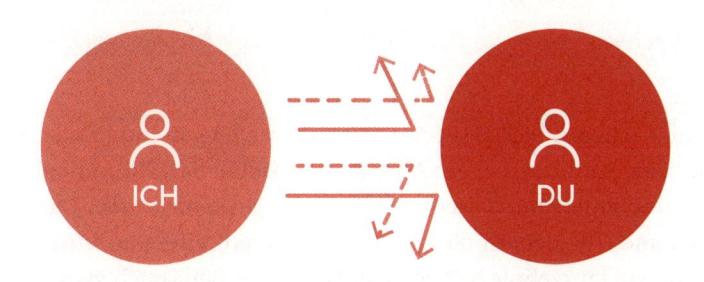

ÜBUNG

Was ich tue, kann ich lassen. Wenn die Überzeugungsversuche nicht fruchten, dann stellen Sie Ihre Bemühungen einfach ein, ohne Ihre Ziele aufzugeben. Agree to disagree, Sie sind sich einig darüber, uneinig zu sein. Nehmen Sie die unterschiedlichen Positionen an und lassen Sie sie nebeneinanderstehen. Auch wenn es manchmal schwerfällt, insbesondere wenn wir die Gesundheit und das Wohlergehen des anderen im Sinne haben. Probieren Sie es aus: Agree to disagree. Wie geht es Ihnen damit, sich nicht auf eine gemeinsame Position zu einigen?

*

2.3 Nicht ansprechen und warten

Eine sehr beliebte Strategie besteht darin, dem anderen gar nicht erst zu sagen, was einen stört und wie man es lieber hätte. Wir sagen nichts und warten auf die Veränderung – und warten und warten …

Ich sage dem Nachbarn beispielsweise nicht, dass ich es wichtig finde, zur Rettung des Planeten den Müll zu trennen. Aber ich beobachte das Müllverhalten weiterhin aufmerksam und ärgere mich, wenn wieder nicht getrennt wurde. Das klingt ziemlich verrückt, und trotzdem ist diese Strategie weitverbreitet und wird erfolglos über Monate, Jahre und Jahrzehnte beibehalten. Der Ärger-Anlass lebt dabei unangetastet fort.

Eine mögliche Motivation für dieses Verhalten könnte sein, dass wir den anderen nicht verletzen oder uns aus Respekt nicht in die Angelegenheiten anderer Leute einmischen möchten.

Vielleicht haben wir auch Angst vor möglichen Konsequenzen. Wenn wir etwas ansprechen, dann mag der andere uns vielleicht nicht mehr, ärgert sich über uns, und wir verscherzen uns die Beziehung auf immer und ewig. In meinen Anti-Ärger-Kursen werden viele Beispiele aus dem beruflichen Alltag genannt, in denen die Ärger-Ursachen aus Angst vor Repressalien nicht angesprochen werden. Solange es keine wirklich offene Feedback- und Kommunikationskultur in der Arbeitswelt und der Gesellschaft gibt, wird diese Strategie gefördert: sich nicht zu äußern und zu warten.

Manchmal sprechen wir ein Ärger-Thema nicht selbst an, sondern geben die Verantwortung an den anderen weiter. Wir fordern zum Beispiel: „Sie weiß doch, was mir wichtig ist. Ich muss mich doch nicht erklären." Die andere weiß aber vielleicht nicht, was ich möchte, egal wie lange man sich schon kennt, zusammenlebt oder zusammenarbeitet. Wir sind alle unterschiedlich und stecken nicht in der Haut des anderen.

Eine weitere Sichtweise kann lauten: „Das muss der andere doch wissen oder sehen, das ist seine Aufgabe oder Verantwortung." Ja, vielleicht. Aber vielleicht sieht er es nicht oder misst der Sache eine andere Bedeutung bei.

Häufig ist auch die Einstellung zu finden: „Das ist doch selbstverständlich. Das erklärt sich von selbst. Das setze ich voraus." Prima, aber ändern wird sich dadurch wahrscheinlich wenig.

Ärger-Themen lösen sich erfahrungsgemäß selten von alleine. Wir müssen sie adressieren.

Auch hier gilt die Exit-Strategie: Was ich tue, kann ich auch lassen. Da Nichtstun auch eine Form von Aktivität ist, kann man diese auch umkehren. Wenn Sie bisher nichts gesagt haben, dann tun Sie es jetzt: Was stört Sie, was verärgert Sie, was wünschen Sie sich eigentlich, worum bitten Sie?

Ein Beispiel: Ein Kollege kommt jeden Tag in Ihr Büro und fängt an zu erzählen und hält Sie von der Arbeit ab. Das stört und ärgert Sie. Sie trauen sich aber nicht, etwas zu sagen, weil Sie den Kollegen nicht verletzen möchten. Aus der täglichen Ärger-Situation kommen Sie nur heraus, indem Sie eine Entscheidung treffen: den Ärger-Anlass ansprechen oder nicht. Wenn Sie sich dafür entscheiden, dass es Ihnen wichtiger ist, die Gefühle des Kollegen nicht zu verletzen, dann sprechen Sie es nicht an. Dann dürfen Sie sich aber auch nicht mehr darüber ärgern, wenn er erzählt und Sie von der Arbeit abhält. Sie haben sich entschieden und müssen auch Ja zu den Konsequenzen der Entscheidung sagen. Wenn Sie sich dafür entscheiden, das Thema anzusprechen, weil es Ihnen wichtiger ist, ungestört arbeiten zu können, dann müssen Sie mit den etwaigen Folgen leben. Ansonsten sind Sie in der Situation gefangen, und täglich grüßt das Murmeltier.

Nichts zu sagen und auf eine Änderung zu hoffen ist keine wirksame Ärger-Strategie.

Um Ärger-Ursachen anzusprechen, ist es hilfreich, wenn man seine eigenen Ziele und Vorstellungen kennt und formulieren kann. Der Prozess der Ärger-Klärung soll zu dieser Klarheit führen.

Neben der Klarheit braucht es auch Mut, um Ärger-Ursachen anzusprechen.

ÜBUNG

Ich lade Sie ein, die Ärger-Anlässe aufzuschreiben, die Sie nicht ansprechen und auf deren Veränderung Sie warten. Vielleicht gibt es kleinere Ärger-Themen, die Sie konkret zur Sprache bringen könnten. Probieren Sie aus, was passiert und wie sich das anfühlt. Vielleicht ist es viel leichter als gedacht.

*

2.4 Ausweichen oder sich zurückziehen

Viel einfacher, als sich mit einem Ärger-Thema auseinanderzusetzen, erscheint manchen Menschen die Strategie, den Ärger von vornherein zu vermeiden. Man kann Ärger-Themen, -Situationen oder -Personen aktiv aus dem Weg gehen.

Warum nicht? Warum soll man sich Dingen aussetzen, die man nicht mag und die einen ärgern? Das erscheint sinnvoll.

Ärger-Ursachen auszuweichen mag kurzfristig eine wirksame Strategie sein. Einige Dinge erledigen sich tatsächlich auch von alleine. Mittel- oder langfristig stehen die meisten Ärger-Ursachen aber immer noch an ihrem Platz und bitten um Klärung.

Schwierig wird es, wenn Ärger-Themen angesprochen werden wollen, sollen oder müssen. Man kann versuchen, ihnen eine Weile zu entkommen, aber letztendlich müssen wir uns mit Ärger-Themen, -Situationen oder -Personen auseinandersetzen. Ob das eine Trennung ist, eine Erbstreitigkeit, ein Familienzwist, ein finanzielles Problem, ein gesundheitliches Risiko, unangenehme Erziehungsfragen, ein berufliches Missgeschick, eine Fehlentscheidung oder einfach nur der Kühlschrank, der leer ist und wieder gefüllt werden will.

Für mich als Coach besteht eine große Gefahr bei der Ausweich-Strategie darin, dass wir unser eigenes Leben einschränken und unsere Potenziale nicht ausschöpfen. Wenn wir bestimmten Personen oder Themen aktiv aus dem Weg gehen, kann das dazu führen, dass wir uns nicht mehr frei bewegen und uns in unseren Möglichkeiten reduzieren. Wenn ich nicht mit bestimmten Menschen zusammenarbeiten möchte, dann kann es sein, dass ich Aufgaben oder Projekte verpasse, die mir Spaß machen würden. Ich kenne Personen, die auf schöne Freizeitaktivitäten verzichten, weil sich Menschen dazugesellen könnten, die man sich nicht aussuchen würde. Auf Partys laufen wir vielleicht einen Zickzackkurs, um uns nicht mit bestimmten Menschen unterhalten zu müssen. Wir nehmen Umwege und Sackgassen in Kauf.

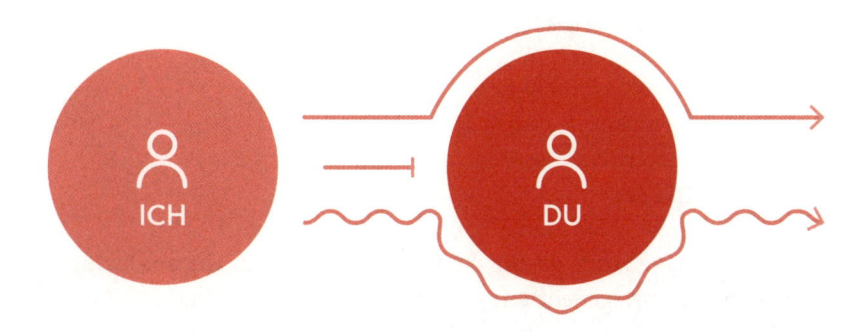

Eine andere Form des Ausweichens ist das Zurückweichen oder Zurückziehen. Wenn wir dem Ärger-Thema nicht ausweichen können, dann ziehen wir uns vielleicht gänzlich zurück. Auch hier schränken wir unser Leben und unsere Handlungsmöglichkeiten ein und können uns nicht frei entfalten. Auf Dauer tut das nicht gut.

Die Strategien Ausweichen und Zurückziehen können Zeit, Energie und Nerven kosten, ohne das Ärger-Thema dauerhaft zu lösen. Ihre Wirksamkeit ist also beschränkt.

ÜBUNG

Ich lade Sie ein, Ärger-Anlässen bewusst nicht aus dem Weg zu gehen. Was ich tue, kann ich auch lassen. Am einfachsten lässt sich das bei Personen ausprobieren, denen Sie normalerweise aus dem Weg gehen würden. Vielleicht nehmen Sie Umwege im Büro in Kauf, um Menschen auszuweichen, oder vermeiden Räume oder Besprechungen, an denen bestimmte Personen teilnehmen. Lassen Sie einfach alle Begegnungen zu. Nehmen Sie an, was und wer Ihnen begegnet, und greifen Sie nicht steuernd ein. Lassen Sie den Dingen freien Lauf und beobachten Sie, wie das für Sie ist.

*

2.5 Aushalten

Aushalten ist eine Strategie, mit dem Ärger umzugehen, die uns häufig nicht bewusst ist. Man hält den Ärger einfach aus und lebt mit ihm. Aushalten ist nicht das Gleiche wie Akzeptanz oder Annehmen. Wenn wir etwas aushalten, dann ist im Hintergrund der Ärger-Anlass noch sehr aktiv und verursacht weiter negative Körperreaktionen und Gefühle. Mit deren Existenz haben wir über die Zeit vielleicht gelernt zu leben. Wir denken, dass ein gewisses Maß an Ärgern zum Leben dazugehört, und kennen es auch nicht anders.

Ich kann immer wieder aushalten, dass Verkehrsteilnehmer zu schnell oder langsam fahren; mit Vorgesetzten arbeiten, die keine Entscheidungen treffen; mit einem Partner leben, der mehr im Haushalt helfen könnte; ein Kind in Frieden lassen, das sein Zimmer nicht aufräumt; oder die Nachbarn ertragen, die den Müll nicht trennen. Dann halte ich das alles aus, bin aber nach wie vor nicht damit einverstanden. Im Stillen ärgert es mich noch immer.

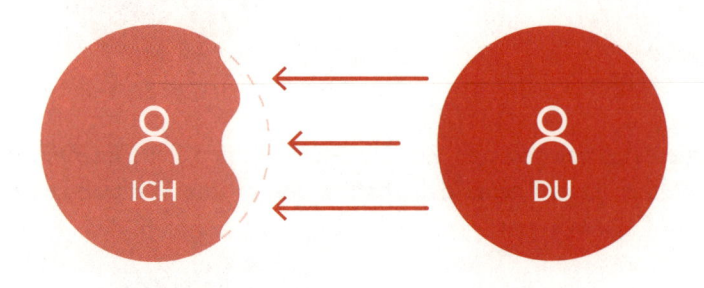

Sehr gerne halten wir Personen aus, die uns ärgern, aber fester Bestandteil des privaten oder beruflichen Alltags sind. Das können Geschwister sein, Eltern, die angeheiratete Familie oder Vorgesetzte und Kollegen. Schließlich müssen wir mit diesen Menschen in unserem Umfeld zurechtkommen. Da können sich über die Jahre ganze Schichten des Aushaltens angesammelt haben, die schwer auf unseren Schultern lasten.

Das kann man machen, es tut uns und unserer Beziehung zu diesen Menschen aber nicht gut. Viel schöner wäre es doch, wenn die negativen Begleiterscheinungen verschwinden würden und wir locker und befreit mit diesen Menschen zusammen leben und arbeiten könnten.

Die gute Nachricht bei der Ärger-Strategie des Aushaltens ist, dass wir trotz der Aussichtslosigkeit, eine Änderung zu bewirken, tief in unserem Inneren eine Vorstellung haben, wie Dinge sein könnten. Wir verfolgen unsere Wünsche zwar nicht mehr aktiv und haben sie quasi aufgegeben, aber wir spüren sie noch. Wenn uns die Schwiegermutter (als dankbares Beispiel) mit ihren ewigen Krankheitsgeschichten immer wieder auf die Palme bringt, wir das aber artig aushalten, dann haben wir unser Ziel noch nicht aufgegeben, mit ihr eine ausgeglichene und schöne Beziehung zu führen.

Aushalten ist langfristig auch keine sehr wirkungsvolle Ärger-Strategie. Es lohnt sich aber in diesen Fällen, das eigene Ärger-Bewusstsein weiter zu schärfen und sich wieder mit den zugrunde liegenden Wünschen und Zielen zu verbinden.

ÜBUNG

Ich lade Sie ein, alle Themen, Situationen und Personen aufzuschreiben, bei denen Sie das Gefühl haben, Sie müssten etwas aushalten. Vielleicht können Sie sogar dazuschreiben, was Sie aushalten müssen und eigentlich gar nicht aushalten möchten. Was möchten Sie stattdessen? Wie sähe die Wünsch-dir-was-Beziehung aus?

*

2.6 Verstärkung holen

Wenn die bisherigen Ärger-Strategien nicht helfen konnten, den Ärger-Anlass zu beheben, dann können wir uns immer noch Verstärkung holen. Das kann etwa die beifällige Bemerkung sein, dass man im Auftrag des Vorstands unterwegs ist, oder die Ankündigung, dass man das dem Vater sagen wird.

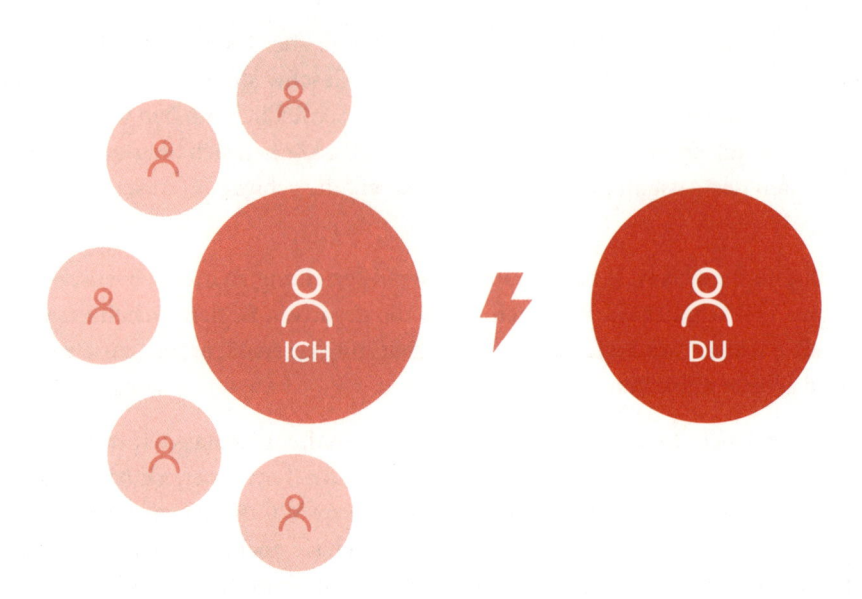

Wir holen uns Verstärkung, um die eigene Position auszubauen. Wir versuchen nach außen zu zeigen, dass unsere Position die richtige ist, schließlich sehen das andere Personen so wie wir. „Der Kollege oder die Kollegin ist da ganz meiner Meinung." Oder: „Die Kollegen und ich sind der Meinung, dass …" An und für sich spricht nichts dagegen, wenn sich Menschen zusammenschließen, um ein gemeinsames Ziel zu verfolgen.

Es kann durchaus von Vorteil sein, sich in einem Ärger-Fall mit anderen Menschen auszutauschen, um sich eine Meinung zu bilden und größere Klarheit zu gewinnen. Das könnte sich so anhören: „Du, ich komme da gerade mit einer Sache nicht klar und brauche mal einen Sparringspartner. Hättest du einen Augenblick Zeit für mich?"

Im Gegensatz zu diesem konstruktiven Austausch geht es hier um den Impuls, sich in einer Ärger-Situation Verstärkung zu holen. Man ärgert sich über etwas oder jemanden, vielleicht auch über sich selbst, und muss diesem Ärger Luft verschaffen. Es ist der Impuls, nach einem missglückten Gespräch oder einer erhaltenen Kritik in das nächstgelegene Büro zu gehen und von dem Ereignis zu erzählen oder sich über jemanden zu beschweren. Dann wenden wir uns an Kollegen oder Kolleginnen, von denen wir glauben, dass sie auf unserer Seite sein werden. Wir suchen jemanden, der unseren Ärger teilt und uns das Gefühl gibt, dass wir im Recht sind oder uns Unrecht widerfahren ist.

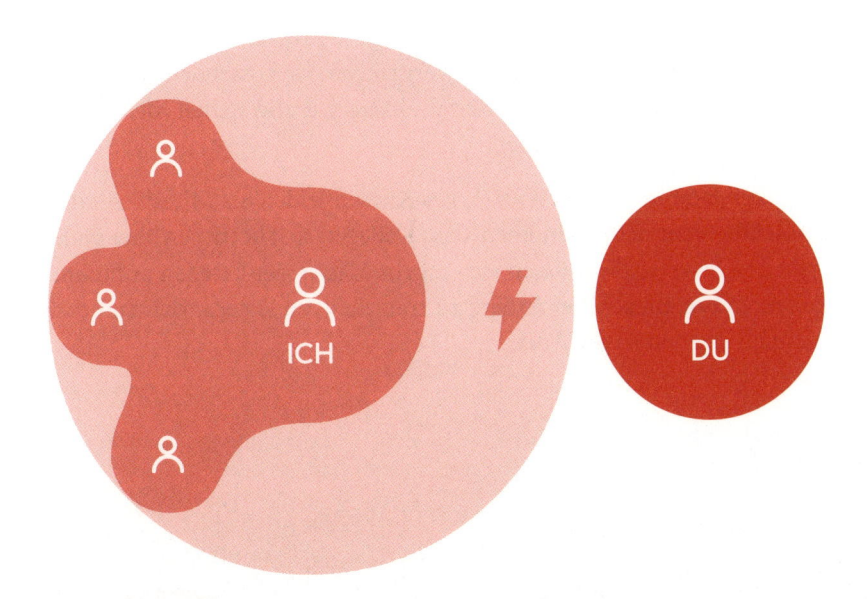

Das Verlockende an der Verstärkung ist, dass wir uns mit anderen verbunden fühlen und der Ärger im ersten Moment nachlässt nach dem Motto: geteiltes Leid ist halbes Leid. Wenn andere uns in unseren Ansichten unterstützen, erfahren wir Rückhalt und Bestätigung. Die Anteilnahme anderer Menschen lindert unseren Schmerz und unser Leid. „Der Sowieso ist einfach ein schlechter Vorgesetzter, da kannst du doch nichts dafür! Bei mir erlaubt er sich auch diese Schoten. Das geht ja gar nicht."

In Ärger-Situationen beschweren sich Mitarbeiter über Mitarbeiter, Mitarbeiter über Vorgesetzte, Vorgesetzte über Mitarbeiter und Vorgesetzte über andere Vorgesetzte. Im Ärger-Fall beschweren sich Eltern über andere Eltern, der eine Freund über den anderen Freund, der eine Partner über den anderen Partner und umgekehrt. Es wird *über* einander geredet und nicht *miteinander*.

Wegen der vielen kurzfristigen Vorteile ist der Impuls sehr groß, sich in einer Ärger-Situation Verstärkung zu holen. Das Problem ist nur, dass wir diejenigen sind, die in dieser Situation stecken und den Ärger-Anlass verspüren. Also müssen wir ihn auch selbst ansprechen und das Ärgernis klären. Andere Menschen hineinzuziehen bringt uns der Lösung nicht näher. Wir müssen mit der Person sprechen, die uns den Ärger-Anlass gibt.

Statt im Ärger-Fall *über* den Ärger-Verursacher zu reden, müssen wir *mit* dem Verursacher reden.

Verstärkung als Ärger-Strategie löst das eigentliche Problem nicht und birgt die Gefahr, den Ärger über die Verstärkung zu vermehren. Sie kostet den einzelnen Mitarbeiter und ganze Unternehmen viel Zeit und Energie und spaltet Menschen, Abteilungen, Freunde, Ehen und Familien.

Viele Teilnehmende in meinen Anti-Ärger-Kursen leiden als Mitarbeitende wie als Führungskräfte unter dem Phänomen, dass Kollegen sich bei ihnen über andere Mitarbeitende beschweren. Sie müssen sich regelmäßig Ärger-Tiraden anhören, die sie selbst gar nicht betreffen. Über andere zu tratschen, zu lästern, sich zu beschweren wird zu einem eigenen Ärger-Anlass.

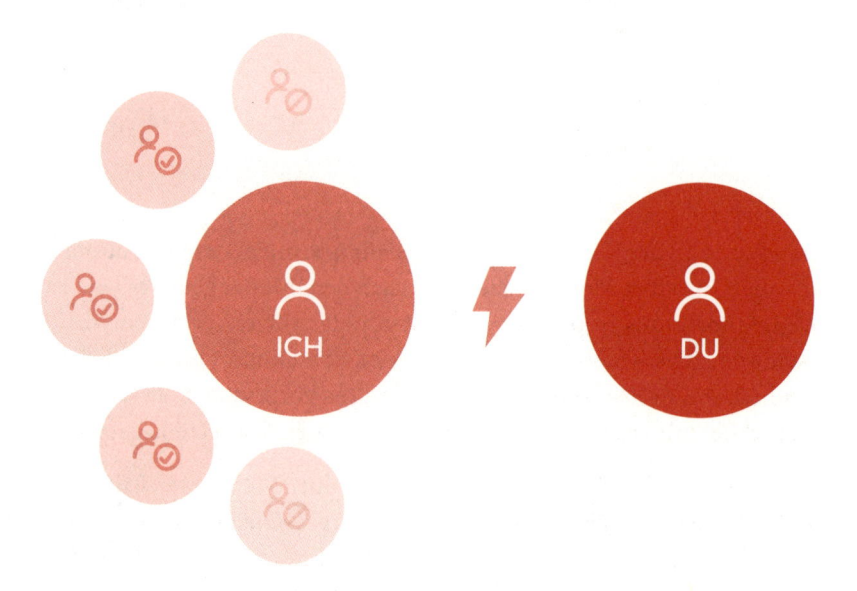

Die Spirale der Verstärkung kann nur unterbrochen werden, wenn der eine sich keine Verstärkung mehr holt oder der andere nicht als Verstärkung mitgeht. Der erste Schritt ist, selbst nicht mitzumachen. Wir haben die Wahl.

Nicht in die Spirale der Verstärkung einzutreten kann bedeuten, dass man bei einer Gruppenbildung außen vor bleibt. Dann gehört man nicht mehr dazu und ist vielleicht nicht mehr gefragt. Viele haben Angst davor, ausgegrenzt zu werden, und halten deshalb diese Spielchen aus.

Wer dem Impuls, Verstärkung zu holen, nicht nachgibt oder als Verstärkung nicht zur Verfügung steht, wird merken, wie befreiend das ist und wie viel stärker man dadurch wird. Man vergeudet keine Energie und Zeit mehr mit der Verstärkung, sondern konzentriert sich ganz allein auf sich und stellt sich aus eigener Kraft seinen Themen.

ÜBUNG

Ich lade Sie ein, auf den Impuls zu achten, sich Verstärkung zu holen. Wenn Sie den Impuls verspüren sollten, geben Sie ihm nicht nach. Behalten Sie den Ärger-Anlass für sich und fragen Sie sich, wie Sie damit am besten umgehen. Probieren Sie es aus, Ihren Ärger nicht an andere weiterzugeben. Es mag am Anfang etwas Mut und Kraft kosten, sich der Ärger-Situation alleine und selbstbestimmt zu stellen.

Umgekehrt: Wenn jemand versucht, Sie in ein Ärger-Szenario hineinzuziehen, bitten Sie ihn, es mit der betroffenen Person selbst zu besprechen. Sie können sagen: „Das ist doch eine Sache zwischen dir und Herrn Müller. Besprich das doch am besten direkt mit ihm."

*

2.7 Fazit der Ärger-Strategien

Wir haben uns sechs gängige Strategien näher angeschaut, mit einem Ärger-Anlass umzugehen und unsere eigenen Vorstellungen und Ziele zu realisieren:

ÄRGER-BEWUSSTSEIN

Gängige Ärger-Strategien

1. den anderen korrigieren und verändern
2. den anderen überzeugen und kommunizieren
3. den Ärger-Anlass nicht ansprechen und warten
4. dem Ärger-Anlass ausweichen oder sich zurückziehen
5. den Ärger aushalten
6. Verstärkung holen

Bis auf die Verstärkung, die nur toxisch, aber nicht lösend wirkt, können die anderen fünf Ärger-Strategien situationsbedingt sehr hilfreich sein. Es ist einen Versuch wert, die andere Person zu korrigieren oder zu überzeugen. Vielleicht ist es auch sinnvoll, ein Ärger-Thema mal stehen zu lassen und nicht anzusprechen, weil es sich von alleine erledigt oder in der Zukunft nicht mehr auftritt. Genauso hilfreich kann es sein, einem Ärger-Thema auszuweichen. Ärger für einen kurzen Zeitraum auszuhalten birgt auch die Chance, dass sich Dinge in der Zwischenzeit von selbst erledigen oder verändern – auf meiner Seite oder der des anderen.

Wenn der Ärger-Anlass immer wieder auftritt, uns weiterhin ärgert und wir es nicht schaffen, ihn mithilfe dieser gängigen Ärger-Strategien dauerhaft zu lösen, dann müssen wir anfangen, etwas anders zu machen.

Warum halten wir an unseren Ärger-Strategien fest? Nun, Ärger-Strategien können sich irgendwann zu einer Gewohnheit entwickeln und wir merken nicht immer, dass sie nicht den erwünschten Erfolg bringen. Zudem gibt es noch das Prinzip Hoffnung, denn die Hoffnung stirbt bekanntlich zuletzt. Wir geben die Hoffnung einfach nicht auf, dass der andere sich doch noch ändert und der Ärger-Anlass wegfällt. Und so fahren wir mit unseren Bemühungen unermüdlich fort und korrigieren, verändern, überzeugen, kommunizieren, schweigen, warten, weichen aus, ziehen uns zurück, halten aus und holen uns Verstärkung. Über Tage, Wochen und Jahre.

Was wir tun, können wir auch lassen. Wenn die betrachteten Strategien auf Dauer nicht erfolgreich sind, dann lohnt es sich, diese einzustellen und das Ärger-Thema stattdessen im Detail zu betrachten und zu klären.

Zusammenfassung Ärger-Bewusstsein

In Teil I haben wir uns mit dem Ärger-Bewusstsein beschäftigt, um unsere persönlichen Ärger-Anlässe zu erkennen, und gängige Abkürzungen und Strategien betrachtet, wie man den Ärger-Modus verlassen könnte.

Sie sind sich der persönlichen Ärger-Anlässe nun bewusst und können den eigenen Ärger anhand Ihrer Körperzeichen, Ihrer Stimme, Ihrer Sprache und an Verhaltensmustern wie „Beschuldigen und korrigieren" oder „Verteidigen und rechtfertigen" erkennen. Sie wissen, wie Sie im Zustand der Gelassenheit sind, und können informieren und erklären, wenn etwas nicht Ihren Vorstellungen entspricht. Sie sind in der Lage, dem Impuls der Rechtfertigung nicht nachzugeben.

Vielleicht gelingt es Ihnen, einzelne Ärger-Abkürzungen zu nehmen: der Ärger-Trigger lässt Sie heute kalt, Sie schenken dem Ärger-Anlass bewusst keine Aufmerksamkeit oder Sie entscheiden sich gezielt gegen das Ärgern und lassen fünfe gerade sein.

Sie kennen Ihre gängigen Ärger-Strategien und wissen, in welchen Ärger-Situationen Sie mit den üblichen Strategien nicht weiterkommen. Was Sie tun, können Sie auch lassen, daher stellen Sie wirkungslose Lösungsversuche ein.

Im nächsten Teil des Buches lernen Sie einen Prozess kennen, wie Sie verbleibende Ärger-Anlässe filtern und klären und sich von etwaigen Ärger-Haken befreien können – den Prozess der Ärger-Klärung.

Teil II

Prozess der Ärger-Klärung

Der Prozess der Ärger-Klärung zeigt einen einfach umsetzbaren Weg auf, Ärger-Anlässe nachhaltig zu klären und sich aus Ärger-Situationen zu befreien. Was nicht bedeutet, dass wir uns in Zukunft nicht mehr ärgern werden. Das werden wir immer tun, solange wir Vorstellungen und Ziele, die uns wichtig sind, nicht erfüllt sehen. Daher wird es für uns auch zukünftig immer neue Ärger-Anlässe geben.

Mithilfe des Prozesses der Ärger-Klärung können wir die Ärger-Anlässe wirksam auf die Fälle reduzieren, die uns nicht nur wichtig sind, sondern uns auch wirklich betreffen, und den Umgang mit den verbleibenden Ärger-Anlässen verändern. Wir beschäftigen uns mit dem Wunsch, der hinter dem Ärger steckt, und stellen unsere Ziele auf den Prüfstand.

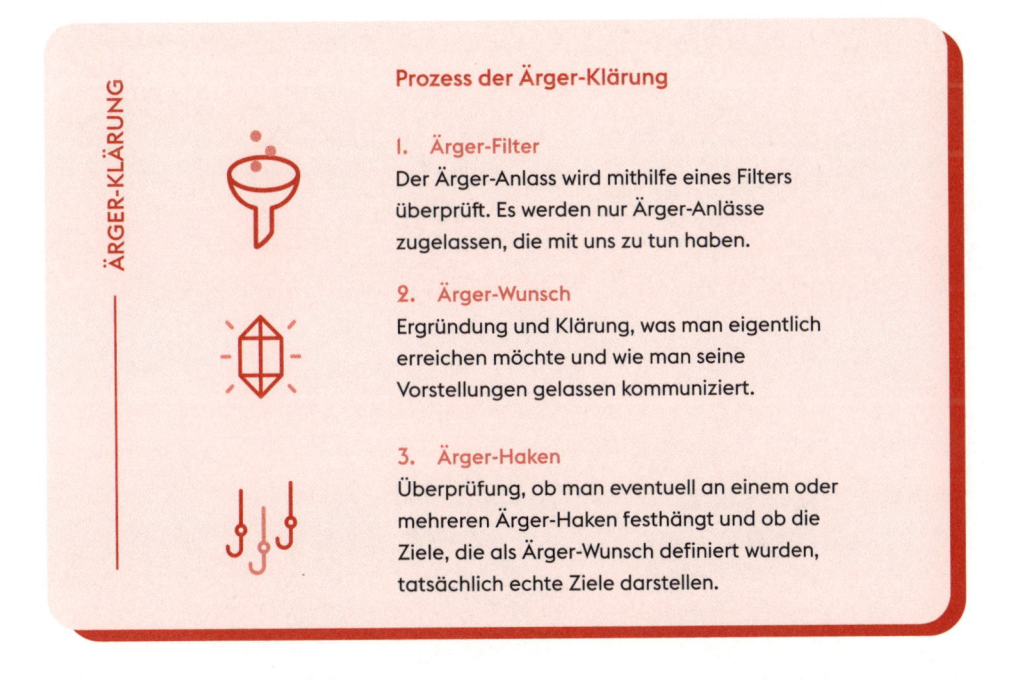

ÄRGER-KLÄRUNG

Prozess der Ärger-Klärung

1. Ärger-Filter
Der Ärger-Anlass wird mithilfe eines Filters überprüft. Es werden nur Ärger-Anlässe zugelassen, die mit uns zu tun haben.

2. Ärger-Wunsch
Ergründung und Klärung, was man eigentlich erreichen möchte und wie man seine Vorstellungen gelassen kommuniziert.

3. Ärger-Haken
Überprüfung, ob man eventuell an einem oder mehreren Ärger-Haken festhängt und ob die Ziele, die als Ärger-Wunsch definiert wurden, tatsächlich echte Ziele darstellen.

Ein Ärger-Anlass, der den Prozess durchlaufen hat, wird entweder wegfallen, losgelassen oder weiterverfolgt, Letzteres jedoch mit neuer Klarheit und Gelassenheit.

Durch den Prozess werden die eigenen Ziele und Vorstellungen klarer und der Umgang mit dem Ärger-Anlass leichter und kompetenter. Wir wollen die positive Energie aus der Verfolgung der eigenen Vorstellungen erhalten, ohne dass die vielen negativen Auswirkungen des Ärgers für uns und andere entstehen.

Den Prozess entwickeln wir anhand eines Ärger-Anlasses in der Beziehung ICH / DU. Etwas, was der andere tut, ärgert mich.

3. Ärger-Filter

Der Ärger-Filter ist der erste Schritt im Klärungsprozess und unterzieht den Ärger-Anlass einer ersten Prüfung: Haben wir überhaupt die „Erlaubnis", uns über diesen Anlass zu ärgern? Darf ich mich ärgern?

Ärger-Anlass ist das, was der andere tut (oder nicht tut), was uns stört und worüber wir uns ärgern.

Ob der Anlass es überhaupt wert ist, dass wir uns über ihn ärgern, prüfen wir mithilfe von vier einfachen Fragen:

ÄRGER-FILTER

Ist das, was mich ärgert ...
1. eine Annahme?
2. extern gegeben?
3. *dein* Bereich?
4. *mein* Bereich?

Diese Fragen scheinen völlig banal, und doch ist es in der Praxis oft nicht leicht, sie direkt zu beantworten. Wahrscheinlich, weil wir häufig bei dem Ärger-Anlass selbst stehen bleiben, ohne ihn näher zu betrachten. Vielleicht bleiben wir auch in den vielen verschiedenen Emotionen stecken. „Das ärgert mich!" – und dann passiert nichts mehr. Dabei wird es jetzt erst interessant. Je öfter wir diesen Filter anwenden und die vier Fragen stellen, desto geübter und schneller werden wir beim Filtern und Reduzieren der Ärger-Anlässe.

Die folgende Abbildung veranschaulicht die unterschiedlichen Bereiche, in die ein Ärger-Anlass in einer ICH / DU-Beziehung fallen kann: extern gegeben, dein Bereich oder mein Bereich.

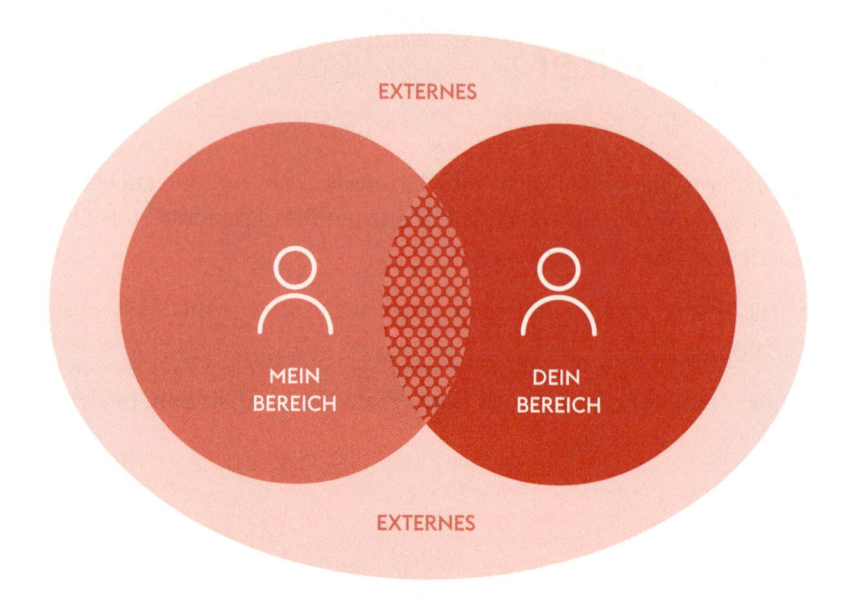

Schaubild: Zwei überlappende Kreise "MEIN BEREICH" und "DEIN BEREICH" innerhalb eines Ovals "EXTERNES".

Die Kreise stehen für den eigenen Bereich (ICH) und den Bereich des anderen (DU). Sie zeigen jeweils an, in welchem Bereich wir individuell bestimmen und uns entfalten können und wo die Grenzen verlaufen. Dabei agieren ICH und DU nicht im luftleeren Raum, sondern müssen die externen Rahmenbedingungen des jeweiligen Ärger-Anlasses beachten.

Den Ärger-Zustand beschreiben viele Klientinnen und Klienten als einen grauen Nebel, in dem sie nicht klar sehen können, wie in folgendem Schaubild dargestellt:

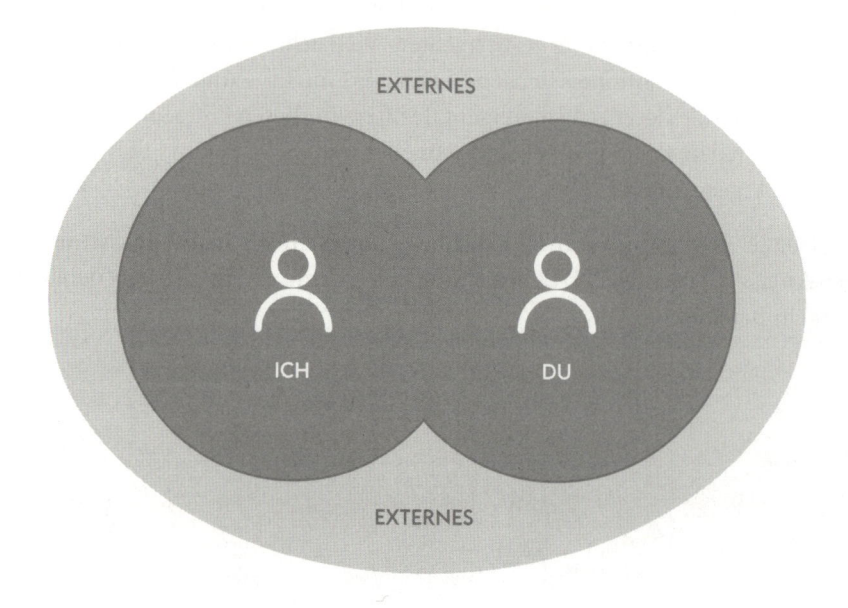

Schaubild: Zwei graue, überlappende Kreise mit "ICH" und "DU" innerhalb eines Ovals "EXTERNES".

Die Grenzen zwischen den verschiedenen Bereichen verschwimmen, Fragen sind ungeklärt. Im Ärger-Nebel sind insbesondere die Grenzen des ICH und DU nicht klar. Was ist *dein* Bereich, was ist *mein* Bereich und was ist *extern gegeben*?

Bevor wir uns diesen Fragen widmen, wollen wir sicherstellen, dass es sich bei unserem Ärger-Anlass um ein reales Thema handelt und nicht um eines, das nur in unserer Fantasie existiert. Wir können nicht etwas filtern und klären, das es gar nicht gibt.

3.1 Annahmen

Daher befasst sich die erste Frage des Ärger-Filters damit, ob es sich bei unserem Ärger-Anlass um eine Annahme handelt. Wir alle kennen wahrscheinlich unser Kopfkino und wie es ist, Annahmen zu treffen. Kritisch wird es, wenn wir anfangen, uns über das, was wir vermuten, zu ärgern. Denn die Annahmen existieren vorerst nur in unserem Kopf, sie sind noch keine Realität.

Einige Beispiele dazu: Eine andere Person erhält das Projekt, das wir selbst gerne übernommen hätten. Schnell entwickeln sich Annahmen in unserem Kopf, warum wir das Projekt nicht bekommen haben. Wilde Gedanken und Spekulationen entstehen: „Die trauen mir das Projekt nicht zu; die denken, Herr Sowieso sei besser geeignet als ich; ich werde in der Abteilung nicht gesehen; meine Arbeit wird nicht wertgeschätzt; klar, dass ein Mann das Projekt erhält" usw. Oder der Sohn kommt später als vereinbart nach Hause und das Kopfkino sagt uns: „Er war bestimmt noch mit Soundso unterwegs; er hat schon woanders etwas gegessen; die Familie ist ihm nicht wichtig."

Vielleicht liegen wir mit unseren Annahmen richtig, vielleicht auch nicht. Sich über eine Vermutung zu ärgern, von der wir gar nicht wissen, ob sie zutrifft, macht keinen Sinn. Wie oft habe ich schon mit Einschätzungen völlig danebengelegen und mich umsonst aufgeregt.

Ein kleines Beispiel: Ich war auf meiner sonntäglichen Joggingstrecke unterwegs und sah eine Familie mit einem kleinen Jungen auf einem Laufrad entgegenkommen. Aus der Ferne bemerkte ich, wie der Junge, vielleicht drei Jahre alt, sich mir in den Weg stellte. Er stellte sein kleines Rädchen quer, sodass ich ausweichen oder anhalten musste. Mein Kopfkino fing an, sich über die Erziehung der Eltern zu ärgern, die ihrem Kind scheinbar nicht beigebracht hatten, dass man anderen Menschen nicht den Weg versperrt. Aber irgendetwas stimmte nicht an dem Bild. Es war das Lächeln auf dem Gesicht des kleinen Jungen. Kurz vor ihm verstand ich, warum. Er hielt mir strahlend ein Gänseblümchen als Geschenk entgegen. Ich nahm es dankend an und schwor mir, keine Annahmen mehr zu treffen.

Es ist erstaunlich, wie viele Vermutungen wir im Berufs- und Privatleben anstellen. Und ebenso erstaunlich ist, wie ruhig es in unserem Kopf wird und wie viel Zeit wir gewinnen, wenn wir das nicht tun. Auch hier gilt: Was ich tue, kann ich auch lassen. Wir müssen keine Annahme treffen. Wenn uns etwas wirklich interessiert, dann fragen wir einfach nach: Woran hat es gelegen, dass ich das Projekt nicht bekommen habe? Welche Kompetenz bietet Herr Sowieso, die ich nicht biete? Was war denn los, dass du so spät nach Hause kommst? Kann sein, dass man uns nicht die wahren Gründe nennt. Aber bevor man anfängt zu spekulieren, lohnt es sich immer, neugierig zu sein und nachzufragen. Es sei denn, die Antwort interessiert uns nicht wirklich. Wie einfach: Dann brauchen wir ja auch keine Annahme zu treffen.

Der erste Ärger-Filter besteht also darin, zu prüfen, ob es sich bei dem Ärger-Anlass um eine Annahme handelt. Wenn das der Fall ist und das Thema uns wirklich interessiert, dann bemühen wir uns um Klärung des Sachverhalts. Wenn das Thema uns nicht interessiert, dann lassen wir die Annahme sofort fallen. Wenn wir keine Annahmen mehr treffen, dann fallen zahlreiche hypothetische Ärger-Anlässe weg und wir können uns auf Ärger-Themen konzentrieren, die real und in unserem Leben wirklich wichtig sind.

ÜBUNG

Achten Sie ganz bewusst darauf, ob, wann und wie Sie Annahmen treffen und über welche Sie sich eventuell aufregen. Versuchen Sie, Annahmen, die in Ihren Gedanken entstehen, sofort wieder wegzuschicken. Steigen Sie aus dem Kopfkino aus, indem Sie gedanklich das Thema wechseln und über etwas anderes nachdenken oder sich mit etwas anderem beschäftigen. Geben Sie der Annahme keine Chance, sich zu entwickeln. Je öfter Sie das versuchen, desto leichter wird es Ihnen gelingen.

*

3.2 Extern gegeben

Die zweite Frage des Ärger-Filters beschäftigt sich damit, ob Ärger-Anlässe extern gegeben sind. Ist das der Fall, brauchen wir uns nicht zu ärgern, weil wir – kurzfristig – nichts ändern können. Dann können wir den Ärger-Anlass auch gleich akzeptieren, auch wenn er uns nicht gefällt, nicht in unseren Plan passt, alles durcheinanderbringt oder uns zusätzliche Zeit und Mühe kostet.

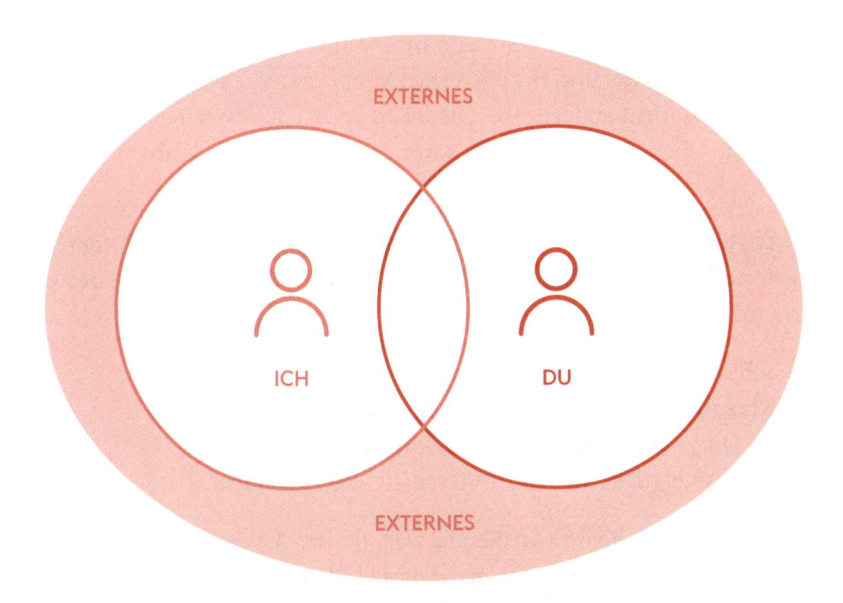

Extern gegeben sind alle äußeren Umstände und Rahmenbedingungen: ob es regnet, unser Flug ausfällt, die Bahn Verspätung hat, wir in einen Stau fahren, die Kollegen krankheitsbedingt ausfallen, ein neues IT-System eingeführt wird, wir die Datenschutzverordnung umsetzen müssen, das Unternehmen umstrukturiert wird, eine Managementebene entfällt oder Positionen neu ausgeschrieben werden. Es ist, wie es ist. Dann können wir die Realität gleich akzeptieren.

Auch die meisten Menschen in unserer unmittelbaren Umgebung sind erst einmal gegeben: unsere eigene und die angeheiratete Familie, unsere Partner, Kinder, Nachbarn, Kollegen, Mitarbeiter und Vorgesetzten. Und zwar sind sie so gegeben, wie sie sind. Mit ihrer eigenen Persönlichkeit, ihren Stärken, Schwächen, Vorlieben und Eigenheiten. Wir können jeden Morgen ins Büro gehen und hoffen, unser Kollege oder unsere Chefin hätte sich über Nacht verändert oder wäre auf eine andere Stelle versetzt worden und der Ärger-Anlass verschwunden. Oder wir lassen diese Gedanken von vornherein bleiben und akzeptieren die Menschen um uns herum, und zwar so, wie sie sind.

Um Klarheit in den Nebel zwischen ICH und DU zu bringen, ist es im Berufsleben, aber auch im Privatleben sehr hilfreich aufzuschreiben, was *extern gegeben* ist. Wenn das Projekt, das ich gerne übernommen hätte, an eine andere Person geht und die Entscheidung so getroffen wurde, dann ist die Entscheidung für mich *extern gegeben*. Ich kann mich im Nachgang darum bemühen, mehr über die Entscheidungsfindung in Erfahrung zu bringen, um daraus für die Zukunft zu lernen. Aber die Entscheidung an sich ist gefallen und dann kann ich sie auch gleich akzeptieren. Auch wenn sie mir nicht schmeckt.

Im Leben ist das Externe mal mehr und mal weniger gegeben, je nachdem welchen Zeitraum man betrachtet und für wie veränderbar man die Dinge hält. Ich kann das Wetter kurzfristig nicht ändern, aber vielleicht kann ich durch mein Klimaverhalten langfristig eine Wirkung erzielen. Ich kann den Ausgang der Wahlen nicht bestimmen, aber ich kann zumindest meine Stimme abgeben.

„Love it, change it or leave it", heißt der bekannte englische Spruch, der auch auf Ärger-Anlässe zutrifft. Im Deutschen kennt man das übersetzte Gebet des US-amerikanischen Theologen Reinhold Niebuhr:

„Gott, gib mir die Gelassenheit,
Dinge hinzunehmen, die ich nicht ändern kann,
den Mut, Dinge zu ändern, die ich ändern kann,
und die Weisheit, das eine vom anderen zu unterscheiden."

„Love it" fällt als Option von vornherein weg, da wir Anlässe, die uns ärgern, nicht mögen, weil sie unseren Vorstellungen und Zielen zuwiderlaufen. Des Weiteren macht es wie oben beschrieben keinen Sinn, sich über Dinge zu ärgern, auf die man keinen Einfluss hat, da sie *extern gegeben* sind.

Jetzt bleibt noch verändern oder akzeptieren. So manches *extern Gegebenes* lässt sich – zumindest langfristig – ändern. In diesen Fällen genügt es nicht, sich nur zu ärgern. Wir müssen einen Schritt weitergehen und uns fragen: Möchte ich etwas tun, um das *extern Gegebene* zu ändern? Da geht es nicht nur um den Mut, Dinge zu ändern, sondern insbesondere um den Willen. Vielen Menschen hilft es, den Ärger zu verlassen, indem sie aktiv werden und Maßnahmen zur eigenen Zielerreichung ergreifen. Sie unterstützen im Rahmen der eigenen Möglichkeiten eine Veränderung. Ob das politische Entscheidungen sind oder gesellschaftliche Entwicklungen, es gibt viele Wege, sich zu beteiligen und sein Engagement ganz gelassen zu verfolgen.

Wenn wir etwas *extern Gegebenes* nicht verändern oder uns nicht engagieren möchten, dann können wir das *extern Gegebene* sofort und gleich akzeptieren und den Ärger darüber loslassen. Sich über einen längeren Zeitraum über etwas Externes zu beschweren und nichts dagegen zu unternehmen bedeutet: Ärger ohne Ende in Sicht.

Es ist herrlich, alles loszulassen, das *extern gegeben* ist. Es ist ein unglaubliches Gefühl der Freiheit, sich nicht mehr über Dinge zu ärgern, die man nicht ändern kann oder möchte. Genauso wie wir Annahmen, die sich in unserem Kopf ausbreiten möchten, sofort wegschicken können, so können wir auch *extern Gegebenes* sofort akzeptieren. Es ist wie ein kurzes Umschalten und bedarf vielleicht einer kleinen Anpassungszeit. Mir hilft es, gedanklich einen großen grünen Haken an einen *extern gegebenen* Ärger-Anlass zu setzen.

Das bedeutet nicht, dass man mit allem einverstanden ist und gleichgültig wird. Man kann das *extern Gegebene* weiter im Auge behalten, aber den Ärger darüber loslassen.

Sehr leicht gelingt dies bei Tätigkeiten, die unausweichlich sind und die man sowieso zu erledigen hat. Bei den täglichen privaten oder beruflichen Pflichten, die einen ärgern können, kann man das hervorragend üben. Wenn ich einen Bericht schreiben oder die Daten für die Steuererklärung zusammensuchen muss, dann kann ich dies verärgert tun oder gelassen. Ich kann gelassen in der wöchentlichen Projektbesprechung sitzen oder völlig genervt, die Sitzung findet so oder so statt und dauert so lange, wie sie dauert. Wenn ich Wäsche waschen muss, meinem Kind bei den Hausaufgaben helfe oder es ins Bett bringe, dann kann ich dies genervt oder gelassen tun. Tun will oder muss ich es sowieso. Dann kann ich es auch gleich gelassen erledigen, so geht es mir selbst besser und meiner Umgebung auch. Wir haben die Wahl.

ÜBUNG

Ist der Anlass, über den Sie sich ärgern, eventuell extern gegeben? Was müssen Sie akzeptieren? Wenn Sie nichts dagegen unternehmen möchten oder können, lassen Sie den Ärger über Externes los. Unmittelbar. Haken dran und weg damit.

Wenn Sie es nicht loslassen wollen, weil Sie es verändern möchten: Was könnten Sie konkret unternehmen? Handeln Sie entsprechend und mit Gelassenheit.

*

3.3 Dein Bereich

Wenn bei der Anwendung des Ärger-Filters die Annahmen und *extern gegebene* Rahmenbedingungen wegfallen, dann stellt sich als Drittes die Frage: Fällt der Ärger-Anlass in *deinen* Bereich oder *meinen* Bereich? Wer ist zuständig? Wessen Verantwortungsbereich ist das? Wer darf bestimmen oder entscheiden? Das sind ganz einfache Fragen, die aber beantwortet werden möchten. Insbesondere in der Arbeitswelt ist die Abgrenzung von Aufgaben- und Zuständigkeitsbereichen im täglichen Miteinander oft nicht klar.

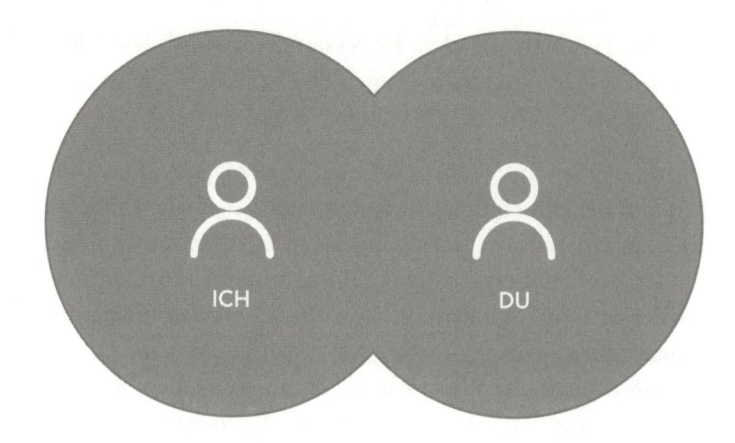

Eine klare Situation liegt vor, wenn der Ärger-Anlass ausschließlich in den Bereich des anderen (*dein* Bereich) fällt und ich damit nichts zu tun habe. Also alle Dinge, Handlungen und Themen, die der andere bestimmt und entscheidet, weil sie allein in seinen Zuständigkeitsbereich fallen. In der folgenden Abbildung ist die Zuständigkeit von *deinem* Bereich durch den rot gefärbten Bereich dargestellt, der keine Überschneidung mit *meinem* Bereich hat.

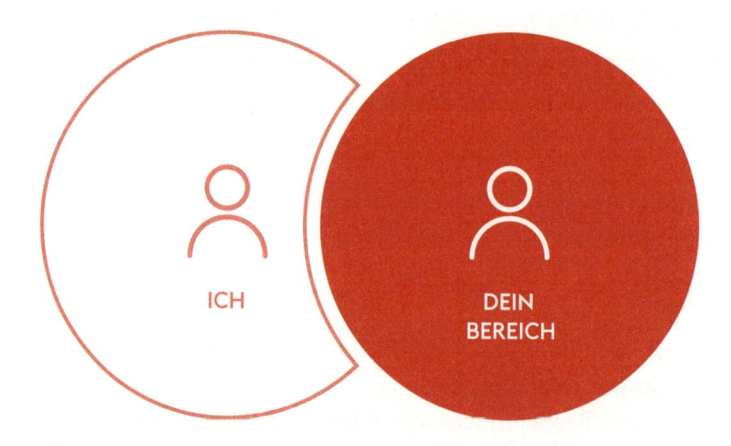

In *deinen* Bereich gehört die gesamte individuelle Lebensführung: wie man wohnt, wie man sich kleidet, wie man sich pflegt, was und wie viel man isst und trinkt, wie man sich fortbewegt, die eigenen Hobbys und Vorlieben, die Wahl der eigenen Freunde, die Lebens- und Arbeitseinstellung usw. Vor allem zählt dazu das Recht auf eine eigene Meinung. Das bedeutet auch das Recht auf eine andere Meinung.

Wenn wir nicht sicher sind, ob es sich um *deinen* Bereich handelt, dann können wir die einfache Frage stellen: Darf der andere das? Darf der andere eine andere

Partei wählen, einen SUV fahren, demonstrieren, sich öffentlich beschweren, einen Vorschlag ablehnen, einen Gegenvorschlag einbringen, die anderen überstimmen? Wenn ja, dann handelt es sich um *deinen* Bereich.

Ärger-Anlässe, die *ausschließlich* in den Bereich des anderen fallen, können wir sofort loslassen, weil wir ja damit nichts zu tun haben und es nicht in unseren Bereich, sondern in *deinen* Bereich fällt. Da das so unglaublich viele Ärger-Anlässe sind, liste ich einige gängige Ärger-Fallen *aus deinem Bereich* auf:

- *Bei den Kindern:*
  Was sie anziehen möchten, mit wem und was sie spielen, wie sie ihr Zimmer aufräumen, welche Hobbys sie interessieren, wie sie ihre Hausaufgaben erledigen, welchen Beruf sie anstreben.

- *Bei den eigenen Eltern:*
  Wie sie leben möchten, wie sie sich einrichten, womit sie sich beschäftigen, mit welchen Menschen sie ihre Zeit verbringen, wie und wo sie Urlaub machen, wie sie sich ihren Lebensabend vorstellen, worüber sie reden möchten und wie lange, wofür sie ihr Geld ausgeben, wie sie mit ihrem Eigentum umgehen, was sie wem vererben möchten.

- *In der Arbeitswelt:*
  Wie der Kollege seine Arbeit begreift und ausführt; welche Vorstellungen und Wünsche der Kunde hat; wie Vorgesetzte Entscheidungen treffen und welche; wie sie ihre Führungsverantwortung verstehen und leben.

- *Im Straßenverkehr:*
  Wie sich die Verkehrsteilnehmer verhalten, die nicht meine Bahn kreuzen oder berühren, wie sie fahren, welches Fahrzeug sie bevorzugen, ihre Fähigkeit einzuparken.

Dürfen die das? Ja, das dürfen die. Wenn der andere so agieren darf oder kann, dann ist es ein klarer Fall von *dein* Bereich.

Obwohl so viele Fragestellungen ausschließlich in den Bereich anderer Menschen fallen, mischen wir uns gedanklich oder faktisch sehr häufig in ihr Leben ein. Das tun wir nicht, weil wir schlechte Menschen sind, sondern weil wir in den meisten Fällen das Wohl unserer Lieben, des Unternehmens oder der Gemeinschaft im Sinn haben. Das Wohl der anderen liegt uns am Herzen und ist uns wichtig. Wie Bob der Baumeister setzen wir unsere Handwerkermütze auf, holen unseren Werkzeugkasten heraus und versuchen, die andere Seite zu reparieren, sodass alles wieder in Ordnung ist – zumindest in unseren Augen. Wenn wir könnten, dann würden wir auch die Nationalmannschaft zusammenstellen, die Corona-Verordnungen festlegen und den Verkehr regeln.

Wenn wir uns in den Bereich des anderen (*dein* Bereich) einmischen, dann werden wir übergriffig. Wie der Begriff schon nahelegt, greifen wir über unsere eigenen Grenzen hinaus über die Grenzen des anderen hinweg in dessen Bereich ein. Kein Wunder, wenn wir auf Widerstand stoßen. Diese Übergriffe sind für uns äußerst anstrengend, weil wir – wie bei der Ärger-Strategie des Korrigierens und Veränderns – versuchen, die andere Person fernzusteuern. Wenn sie das Einmischen und diesen Übergriff nicht möchte, dann sollten wir uns wieder auf unsere eigenen Angelegenheiten konzentrieren und uns in die eigenen Grenzen zurückziehen.

Es gibt nichts Schöneres, als sich von der eigenen Vorstellung zu befreien, wie andere Menschen leben, denken und handeln sollten. Dann brauchen wir uns nicht mehr den Kopf zu zerbrechen und uns keine unnötigen Gedanken mehr zu machen, wie andere – unserer Meinung nach – ihr Leben am besten leben. Wir lassen ihnen ihren eigenen Bereich (*dein* Bereich) und setzen damit uns selbst und den anderen frei.

Dabei geht es nicht darum, sich von allem, was anders ist, in Desinteresse abzuwenden oder zu distanzieren. Gleichgültigkeit ist auch hier keine befriedigende Strategie. Es geht vielmehr darum, die Meinung anderer anzuerkennen, sie in ihrer Persönlichkeit und Andersartigkeit zu akzeptieren und dabei zugewandt und offen zu sein.

Gehen wir einen Schritt weiter, dann akzeptieren und tolerieren wir nicht nur das Anderssein, sondern können uns daran erfreuen. Der andere macht es anders, cool!

ÜBUNG

Gibt es einen Ärger-Anlass, der beruflich oder privat ganz klar in den Bereich der anderen Person fällt (dein Bereich)? Haben Sie mit ihrem Bereich faktisch nichts zu tun? Wunderbar, dann sind Sie schon vom Ärger befreit. Lassen Sie die Gedanken los, die Sie sich über eine andere Person machen. Ersetzen Sie sie durch neugieriges Beobachten, was sie tut und wie sie sich ihr Leben vorstellt und gestaltet. Beobachten Sie, bleiben Sie präsent und zugewandt und genießen Sie es!

*

3.4 Mein Bereich

Wenn Annahmen, *extern Gegebenes* und Anlässe aus *deinem* Bereich den Ärger-Filter nicht passieren, dann kommen als Ärgernis nur noch Themen, Personen und Situationen infrage, die *meinen* Bereich betreffen. Das, was mich betrifft oder wofür ich zuständig bin, die Verantwortung trage, wo ich entscheide, bestimme und mitrede. In *meinem* Bereich habe ich die Erlaubnis, mich zu ärgern.

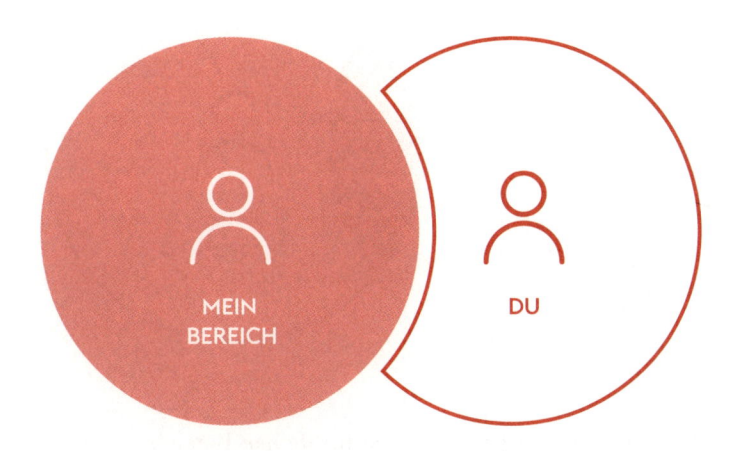

Es ist unstrittig, dass wir uns über Dinge ärgern dürfen, die in unseren Bereich fallen. Wenn jemand unsere Mülltonne mit seiner verwechselt, unserem Auto einen Kratzer zufügt oder meint, uns bei unserer Arbeit ins Handwerk pfuschen zu müssen, so sind wir direkt betroffen und dürfen uns ärgern.

Wenn etwas ausschließlich in *meinen* Bereich fällt, so hat niemand anderes das Recht, hier einzugreifen. Genauso, wie ich nichts in dem Bereich des anderen (*dein* Bereich) zu suchen habe. Es mag Menschen geben, die mir gegenüber übergriffig sind. Sehr oft haben sie dabei mein Wohl oder das der Familie, der Firma oder der Gemeinschaft im Sinn. Doch wenn der andere (das DU) übergriffig wird und ich das nicht möchte, dann muss ich meine Grenzen klar benennen und ihn bitten, sich in seine Grenzen zurückzuziehen. „Das ist mein Bereich und daher möchte ich das gerne selbst entscheiden."

In unserem Bereich können wir uns austoben, können uns entfalten und alles um uns herum gestalten. Wenn das alle in ihrem Bereich tun und dabei die eigenen Grenzen und die der anderen respektieren, dann ist doch alles wunderbar, und es gibt kaum noch Anlässe, sich zu ärgern, außer über sich selbst natürlich.

Ist es so einfach? Leider nicht, sonst würde uns der Ärger nicht so intensiv beschäftigen. Knifflig wird es dann, wenn wir und andere gleichzeitig betroffen sind. In der folgenden Abbildung wird dies durch die Schnittmenge in der ICH / DU-Beziehung dargestellt. Wenn das, was in die Schnittmenge fällt, uns wichtig ist und nicht erfüllt wird, dann ärgern wir uns. Ärgern ist erlaubt.

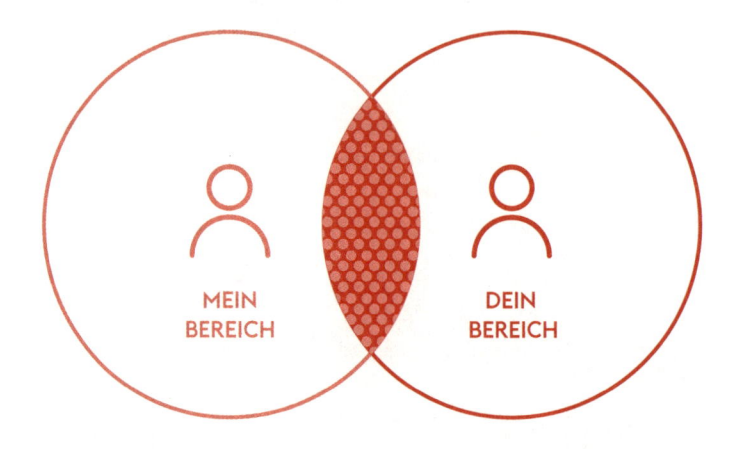

MEIN BEREICH   DEIN BEREICH

Vielleicht hat sich bei den Ärger-Beispielen für *deinen* Bereich im letzten Abschnitt Widerstand in Ihnen geregt. Wie viele Themen fallen in den Bereich unserer Eltern, Kinder, Arbeitskollegen, wo wir das Gefühl haben, betroffen zu sein und mitreden zu können oder müssen?

Wenn wir das Gefühl haben, dass der Ärger-Anlass nicht nur in den Bereich des anderen (*dein* Bereich), sondern auch in *meinen* Bereich fällt, dann lautet die zentrale Frage: Was genau habe ich mit dem Ärger-Anlass aus *deinem* Bereich zu tun?

Wenn die Eltern beispielsweise Ideen entwickeln, wie und wo sie ihren Lebensabend verbringen wollen: Was habe ich damit zu tun? Wenn sie etwa das eigene Haus verkaufen möchten: Inwiefern betrifft mich das, es ist doch ihr Haus? „Was habe ich damit zu tun?" ist eine einfache Frage, deren ehrliche Antwort sehr hart sein kann. Sehr oft nämlich nichts. Zumindest rechtlich oder formal gesehen. Und trotzdem kann es sein, dass wir betroffen sind, zumindest emotional. Weil die Eltern weit wegziehen und wir sie nicht so gut besuchen könnten. Weil das verkaufte Haus das Haus ist, in dem wir aufgewachsen sind. Wenn wir uns betroffen fühlen, auch wenn wir streng genommen nicht zuständig sind, dann können wir unsere Meinung äußern, unsere Wünsche und Vorstellungen vortragen und zur Diskussion stellen. Es ist auf jeden Fall einen Versuch wert, auch wenn unsere Betroffenheit vielleicht die Entscheidung der anderen nicht verändert. Dafür müssen wir aber erst Klarheit darüber gewonnen haben, inwiefern wir meinen, betroffen zu sein.

Bei unseren Kindern verändern sich unsere Verantwortung und formale Zuständigkeit mit dem Alter und der Lebensphase der Kinder fortlaufend. Irgendwann bekommen wir von ihnen zu hören, dass sie das jetzt alleine entscheiden dürfen. Manchmal behaupten sie das schon im zarten Alter von vier Jahren, auf jeden Fall dann, wenn sie volljährig werden. Gerade bei den Kindern ist es sehr hilfreich, für sich die Frage zu beantworten, was das, was uns bei ihnen ärgert, mit uns zu tun hat. Manchmal sind wir zuständig und sollten uns unbedingt in den Bereich des anderen einmischen, manchmal sind wir es eigentlich nicht oder nicht mehr. Emotional betroffen sind wir immer, denn Eltern ist man auf Lebenszeit.

Auch in der Arbeitswelt gibt es diese Schnittmengen, in denen man selbst und gleichzeitig auch andere zuständig sind. Viele Zuständigkeiten sind nicht eindeutig geregelt, Aufgabenbeschreibungen sind unvollständig oder es herrschen unterschiedliche Interpretationen. Mit dem Streichen von Hierarchiestufen und der Arbeit in Matrix-Organisationen, lateral geführten Teams, Projekten oder Tribes sind diese Schnittmengen noch größer geworden und häufig sogar gewollt. Für ein effizientes Arbeiten kann es erforderlich sein, Klarheit in diesen Schnittmengen zu schaffen. Was machst du, was mache ich? Wann bist du zuständig, wann ich, wann wir beide, und wie gehen wir mit der geteilten Zuständigkeit um? Diese Fragen sind trivial, und doch werden sie viel zu selten gestellt. Die Teilnehmenden meiner Anti-Ärger-Kurse stellen diese Fragen ständig. Wie ein Mantra: *extern gegeben, dein* Bereich, *mein* Bereich, ICH oder DU? Das erfordert eine gute Kommunikation und einen regelmäßigen Austausch mit seinem Arbeitsumfeld. Je besser man verbunden ist und mit dem anderen in Beziehung steht, desto leichter fällt diese Abstimmung. Mit der gewonnenen Klarheit über *deinen* Bereich und *meinen* Bereich werden viele Ärger-Anlässe von vornherein vermieden.

In der Schnittmenge von *deinem* und *meinem* Bereich ist die Versuchung groß, sich mit seinem Ärger an den anderen und dessen Bereich zu hängen. Das erkennt man gut an Sätzen, die mit dessen vermeintlichem Fehlverhalten anfangen: „Meine Chefin hat, mein Chef tut …" oder „meine Ex hat, mein Ex tut nicht …". Wenn wir die zentrale Frage für uns beantworten, was das Verhalten des anderen mit uns zu tun hat, dann können wir die Beschuldigungen und Vorwürfe an Dritte durch Ich-Aussagen ersetzen: „Ich brauche, ich wünsche mir, mir ist wichtig …"

ÜBUNG

Mein Bereich: Mischt sich irgendjemand von außen in Ihren Bereich ein, was Sie ärgert und was Sie nicht möchten? Dann setzen Sie klare Grenzen und sagen einfach, wie Sie das sehen: „Ich sehe das als meinen Bereich an und würde gerne selbst entscheiden."

Schnittmenge: Ärgert Sie etwas, was in den Bereich des anderen (dein Bereich) fällt, und Sie glauben, es fällt auch in Ihren Bereich? Was hat das mit Ihnen zu tun? Inwiefern sind Sie betroffen? Schaffen Sie Klarheit und sprechen Sie Ihre Wünsche und Vorstellungen bei der anderen Person an – sofern es Ihnen wichtig ist.

*

3.5 Fazit des Ärger-Filters

Durch die Anwendung des Ärger-Filters müssten bereits eine ganze Reihe von Ärger-Anlässen wegfallen: *Annahmen* sind Luftschlösser, *extern Gegebenes* bekommen wir kurzfristig nicht bewegt, und in dem Bereich des anderen (*dein* Bereich) haben wir keine Handhabe. Wenn wir uns an diesen Ärger-Anlässen nicht endlos abarbeiten möchten, dann setzen wir sofort einen großen grünen Haken und lassen den Ärger los. Sollte uns dies nicht gelingen, dann hängen wir wahrscheinlich an einem Ärger-Haken fest. Wie wir uns von Ärger-Haken befreien können, das werden wir im dritten Prozessschritt betrachten.

Wenn es sich um einen Ärger-Anlass aus *meinem* Bereich handelt oder aus der *Schnittmenge mit deinem Bereich*, dann habe ich die Erlaubnis, mich zu ärgern. In diesem Fall ist es sinnvoll, den eigenen Ärger anzunehmen und in den Ärger-Anlass einzusteigen.

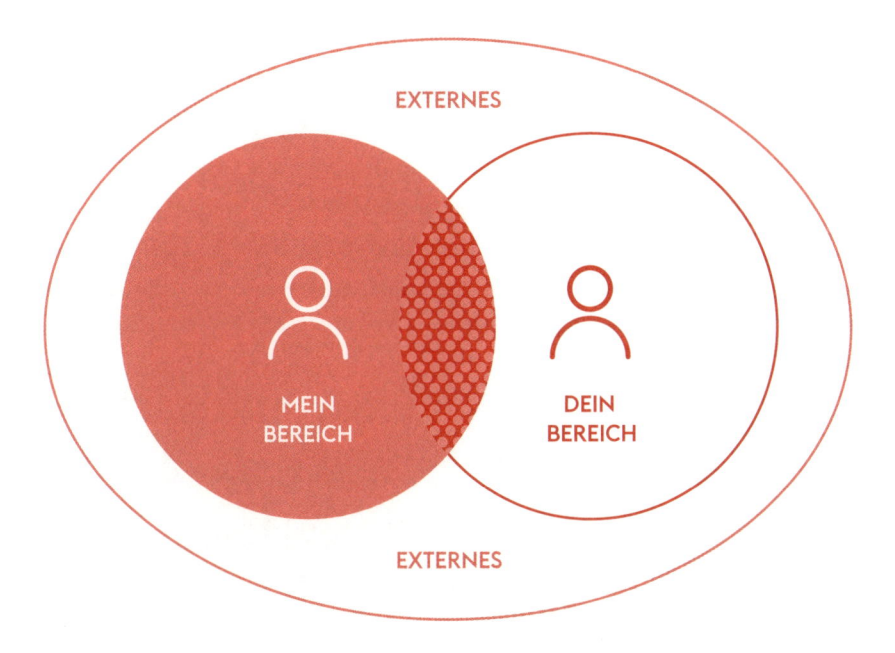

[Diagramm: Zwei überlappende Kreise in einem Oval. Linker Kreis (rot gefüllt): "MEIN BEREICH". Rechter Kreis: "DEIN BEREICH". Umgebendes Oval: "EXTERNES" (oben und unten).]

ÜBUNG

Wie viele Ärger-Anlässe, die Sie auf Ihrer eigenen Ärger-Themen-Liste stehen haben, fallen unter Annahmen, extern gegeben und den Bereich des anderen (dein Bereich)? Welche Ärger-Anlässe können Sie sofort loslassen? Welche bleiben noch übrig?

Es dürften von Ihrer persönlichen Ärger-Themen-Liste nur noch folgende Ärger-Anlässe übrig sein:
- Extern Gegebenes, das Sie nicht loslassen können
- Dein Bereich, mit dem Sie nichts zu tun haben und den Sie aber trotzdem nicht loslassen können bzw. wollen
- Mein Bereich
- Dein Bereich, der Sie ebenfalls betrifft und damit in Ihre Schnittmenge fällt

Arbeiten Sie mit dieser Liste weiter und ergründen Sie im folgenden Kapitel für jeden einzelnen Ärger-Anlass den Ärger-Wunsch, der sich hinter dem Ärger verbirgt.

*

Was hat ein Ärger-Anlass mit dem zu tun, was uns wichtig ist? Um die positive Kraft des Ärgers zu erschließen, gehen wir im zweiten Schritt des Klärungsprozesses einen Schritt weiter: Wir wechseln von „das ärgert mich" zu „ich wünsche mir".

4. | Ärger-Wunsch

Immer, wenn uns etwas ärgert (Ärger-Anlass), ist uns etwas wichtig (Ärger-Wunsch). Hinter dem Ärger-Anlass steckt also ein Ärger-Wunsch, den wir nicht erfüllt sehen. Dieser innere Wunsch ist für mich das Wertvolle und Spannende am Ärger. Ich sehe ihn als eine Art Juwel oder Diamanten, der uns antreibt, mit Energie versorgt und uns manchmal Berge versetzen lässt. In diesem Kapital wollen wir diesen Diamanten finden und schärfen. Wir wollen ergründen, welche Wünsche und Vorstellungen hinter unserem Ärger stecken. Wir wollen Ärger-Klarheit schaffen.

Wenn wir die eigenen Vorstellungen, Ziele und Wünsche herausgearbeitet und formuliert haben, dann schauen wir uns im zweiten Schritt an, wie man diese gelassen kommunizieren kann.

Mit dem Wissen über die eigenen Vorstellungen gewinnen wir Klarheit auf der ICH-Seite. Für die Klärung von Sachverhalten und Zuständigkeiten in der Schnittmenge ist es hilfreich, nicht nur die eigene Seite zu kennen, sondern auch mehr über die andere Seite – das DU – zu erfahren. Wie das Erlernte dabei behilflich sein kann, damit werden wir uns im dritten Schritt beschäftigen.

4.1 Ärger-Wunsch ergründen

Wir haben unseren Ärger-Anlass mithilfe des Ärger-Filters geprüft und sind zu der Überzeugung gelangt, dass der Anlass in unseren Bereich fällt, unsere zahlreichen Schnittmengen eingeschlossen. Vielleicht sind noch einige Ärger-Anlässe dabei, die *extern gegeben* sind oder in *deinen* Bereich fallen, die wir noch nicht losgelassen haben.

Wir wissen in der ICH / DU-Beziehung, wodurch der andere bei uns Ärger auslöst, und können den Ärger-Anlass formulieren: „Mein Vorgesetzter unterstützt mich nicht; die Kollegin macht schon wieder eine Rauchpause; mein Kind hat immer noch nicht sein Zimmer aufgeräumt; die Schwiegermutter kommt ständig unangemeldet zu Besuch; die Nachbarin putzt die Treppe nicht; mein Partner hilft nicht im Haushalt." Der andere tut etwas, was uns ärgert.

ICH   DU

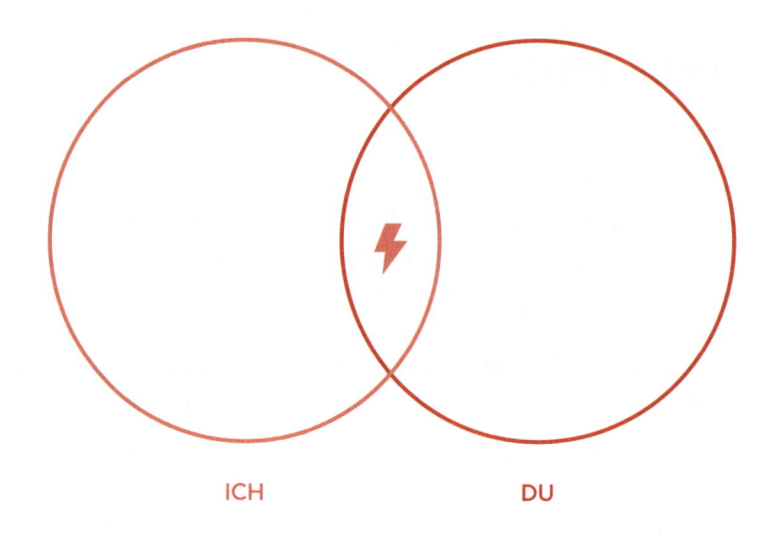

Bei der Suche nach dem Ärger-Wunsch wollen wir für das Negative, das uns stört und ärgert, das positive Gegenstück finden. Jetzt sollte man meinen, dass das trivial sei, weil es einfach das Gegenteil von dem ist, was wir nicht mehr haben wollen. Auf den ersten Blick mag es so scheinen, als ob das Gegenteil unser Ziel wäre, aber es ist zu ungenau und beschreibt unsere Vorstellungen und Wünsche nicht klar genug. Wir müssen unsere Zielvorstellungen schärfen wie einen rohen Diamanten, damit er in seiner Klarheit und Reinheit leuchten kann.

Wenn die Schwiegermutter beispielsweise aufhören soll, unangemeldet zu Besuch zu kommen, was soll sie denn genau anders machen? Der Ausruf „Deine Mutter soll das lassen" ist nicht hilfreich, da er keine positive Handlungsalternative vorschlägt. Genauso werden Führungskräfte mit dem Appell „Unterstützen Sie mich doch!" wenig anfangen können, weil die Bitte nicht konkret genug ist.

Den eigentlichen Wunsch zu finden ist nicht trivial, er will sorgfältig ergründet werden. Im Coaching gibt es den schönen englischen Ausdruck *unmine,* also ausbuddeln, zutage fördern, ans Tageslicht bringen. Da können die kleinsten und unscheinbarsten Ärger-Anlässe ganz tolle Diamanten freilegen.

Bei der Suche nach dem Wunsch, der unserem Ärger zugrunde liegt, habe ich das Bild eines Labyrinths vor Augen: Man muss unterschiedliche Wege ausprobieren, oft landet man in einer Sackgasse, dann geht man noch einmal zurück und sucht einen neuen Weg. Ein anderes Bild ist das eines Wollknäuels, das entwirrt werden möchte. Man zieht erfolglos an mehreren Enden, bis man das Ende findet, das das Knäuel auflöst.

ICH   DU

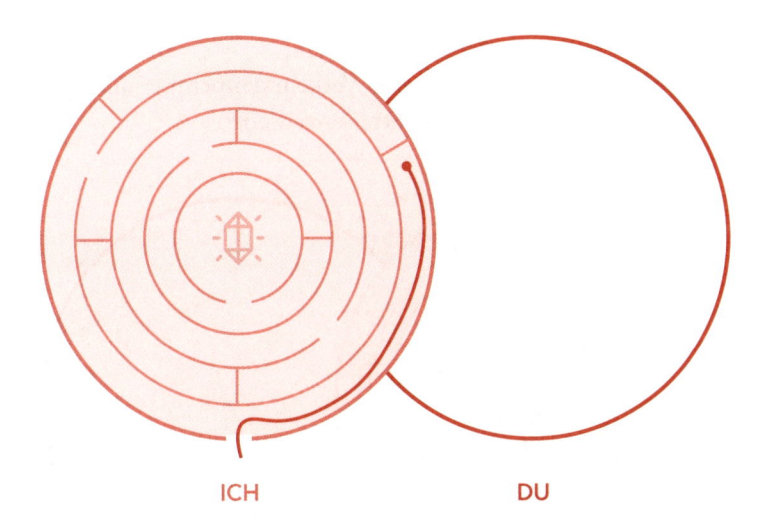

Zur Ergründung des eigentlichen Ärger-Wunschs ein Beispiel aus dem Straßenverkehr: Eine von zwei Fahrbahnen endet in 200 Metern, und die Fahrzeuge müssen sich im Reißverschlussverfahren einfädeln. Wir sitzen in unserem Auto in der Schlange, die sich auf der rechten Fahrbahn gebildet hat, und ärgern uns über die Autofahrer, die links fröhlich an uns vorbeifahren. Vielleicht ärgern sich 40 Prozent der Autofahrer in dieser Situation über die gleiche Tatsache, aber wahrscheinlich ärgern wir uns aus ganz unterschiedlichen Gründen. Weil eben jeder Jeck anders ist und bei jedem eine andere Vorstellung nicht erfüllt ist.

Worüber könnte man sich in dieser Situation ärgern? Es ist ganz hilfreich, sich diese Frage im Konjunktiv zu stellen und einfach mal alles gedanklich durchzugehen.

a) Wir könnten uns über uns selbst ärgern, dass wir zu früh die Entscheidung getroffen haben, uns rechts in die Schlange und damit in den Stau zu stellen. Wir ärgern uns, dass wir dadurch kostbare Zeit verloren haben.

b) Wir könnten denken, dass die Linksfahrer sich nicht korrekt verhalten und ihre Fahrweise falsch sei. Sie müssen beim Einfädeln von uns zurechtgewiesen und ausgebremst werden.

c) Wir könnten der Überzeugung sein, dass die Linksfahrer total rücksichtslos und egoistisch unterwegs sind und sich auf Kosten der Gemeinschaft einen Vorteil verschaffen. Das lassen wir nicht zu.

Der Ärger-Anlass mag der gleiche sein (links vorbeifahrende Autos), aber die Ärger-Wünsche sind ganz verschieden. Welche positiven Vorstellungen und Ziele erklären den eigenen Ärger in diesem Beispiel? Wünsche ich mir:

ad a) selbst möglichst zeitsparend unterwegs sein,
ad b) korrektes Fahrverhalten der anderen Verkehrsteilnehmer oder
ad c) gegenseitige Rücksichtnahme im Straßenverkehr?

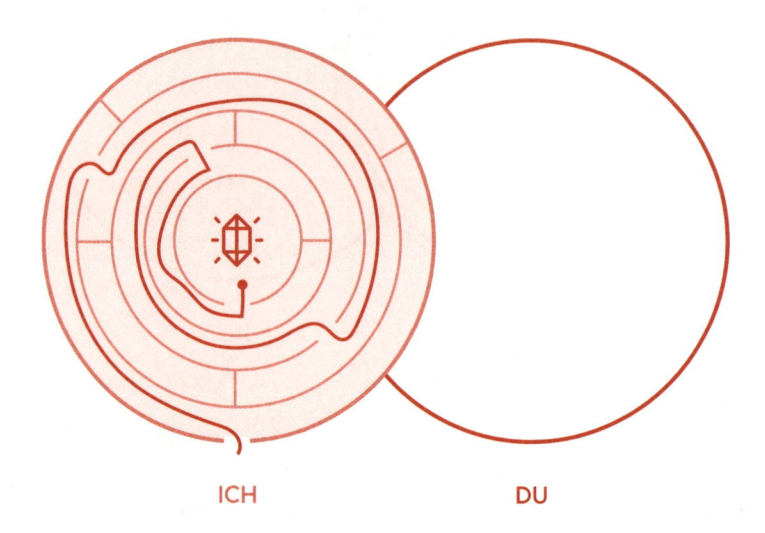

ICH   DU

Wenn es mehrere Ärger-Quellen hinter einem Ärger-Anlass gibt, dann muss man jeden Ärger-Wunsch einzeln betrachten und die eigenen Ziele und Vorstellungen gesondert definieren. Im Anschluss kann man sich überlegen, welche Handlungsoptionen sich in diesem Fall anbieten, um den eigenen Wunschvorstellungen näher zu kommen.

a) Wenn ich mich darüber ärgere, dass ich zu früh nach rechts gefahren bin und wertvolle Zeit verloren habe, was will ich dann eigentlich? Möchte ich Zeit sparen, indem ich auch links die wartende Schlange überhole? Wenn ja, dann lerne ich daraus, fahre das nächste Mal länger links und lasse den Ärger los.

b) Wenn ich korrektes Fahrverhalten aller Verkehrsteilnehmer anstrebe und der Meinung bin, die Linksfahrer tun etwas, was sie nicht tun dürfen, dann muss ich erst einmal den Sachverhalt klären. Wenn sie rechtlich gesehen auf der linken Fahrbahn weiterfahren dürfen, bis diese sich verengt, dann fällt der Ärger-Anlass weg, weil dieses Verhalten erlaubt ist (*dein* Bereich). Der andere darf das.
Wenn sie das nicht dürfen, was möchte ich dann? Möchte ich die anderen zu einem korrekten Fahrverhalten erziehen? Ist dies meine Aufgabe und fällt es in *meinen* Bereich? Sollte ich keinen offiziellen Erziehungsauftrag haben, dann könnte ich den Straßenverkehr der Polizei und dem Ordnungsamt überlassen und den Ärger loslassen.

c) Wenn mein Ziel gegenseitige Rücksichtnahme im Straßenverkehr ist, was kann ich tun? Was die anderen Verkehrsteilnehmer unter *Rücksichtnahme* verstehen, entscheiden sie selbst. Da dies in *deinen* Bereich fällt, habe ich keine Handhabe und lasse den Ärger los.

Geht es mir um Gegenseitigkeit und möchte ich, dass der andere mich genauso behandelt wie *ich* ihn? Das kann ich mir wünschen, aber auch hier bin ich mit meinem Wunsch in *deinem* Bereich unterwegs und kann den Ärger gleich wegschicken.

Es ärgert uns also nicht so sehr die Tatsache, dass uns links jemand überholt, sondern dass wir vielleicht Zeit sparen möchten oder wir Handlungen ablehnen, die wir als nicht korrekt oder rücksichtslos erachten. Die Frage bei der Ärger-Klärung heißt also nicht nur: „Was hat das mit mir zu tun?", sondern zusätzlich: „Was wünsche ich mir eigentlich?"

Mit Zeiteffizienz, korrektem Verhalten und Rücksichtnahme melden sich anhand der links überholenden Verkehrsteilnehmer ganz große Themen zu Wort, deren Realisierung uns sehr wichtig sein kann. Da diese Wünsche und Vorstellungen uns so viel bedeuten, können sie uns immer wieder in einen Ärger-Zustand versetzen, wenn sie nicht erfüllt werden. Es sind beliebte Ärger-Trigger oder Knöpfe, die man bei uns drücken kann. Wenn es uns umgekehrt gelingt, einen Ärger-Anlass zu klären und dabei einen Ärger-Trigger zu relativieren, dann verschwinden plötzlich auch andere Ärger-Anlässe, die den gleichen Trigger hatten! Um im Verkehrsbeispiel zu bleiben: Wenn ich meine Forderung nach Rücksichtnahme anhand des Verkehrsbeispiels kläre und relativiere, dann werden sich viele andere Ärger-Situationen verändern, denen derselbe Ärger-Wunsch nach Rücksichtnahme zugrunde liegt.

Um den Ärger-Wunsch zu finden und Ärger-Klarheit zu schaffen, sollen die Fragen in der folgenden Abbildung als Hilfestellung dienen. Sie verfolgen alle den Gedanken: Worum geht es eigentlich bei unserem Ärger? Was genau stört uns? Was wollen wir stattdessen? Welche Wunschvorstellung verfolgen wir? Wichtig ist dabei, die Fragen für jeden Ärger-Anlass und jeden möglichen Ärger-Wunsch einzeln zu beantworten. Sie führen zu ganz anderen Antworten, je nachdem, ob es uns um den Wunsch nach Zeiteffizienz geht oder um den nach Rücksichtnahme.

> **ÄRGER-WUNSCH**
>
> **Fragen zur Ergründung des Ärger-Wunschs**
> - Was tut der andere, was mich ärgert?
> - Was werfe ich dem anderen vor?
> - Was hat das mit mir zu tun?
> - Wie fühlt sich das an?
> - Wozu sage ich ‚Nein'?
> - Was will ich stattdessen? Was ist mir wichtig?
> - Was brauche ich? Was ist mein Bedürfnis?
> - Wann würde der Ärger weggehen?
> - Wann könnte ich mit dem Ärger leben?
> - Was möchte ich hören, sehen oder haben? Was soll passieren?
> - Worum geht es eigentlich? Habe ich einen Herzenswunsch?

Wenden wir die Fragen auf das Ärger-Beispiel an, dass unser Vorgesetzter uns nicht unterstützt:

- *Was tut der andere, was mich ärgert?*
  In der Abstimmung mit den anderen Abteilungen hat er die Position unseres Projekts nicht vertreten.
- *Was werfe ich dem anderen vor?*
  Ich werfe meinem Vorgesetzten vor, dass er mich nicht unterstützt.
- *Was hat das mit mir zu tun?*
  Es betrifft meine Projektarbeit. Ich hatte vor der Abstimmung unsere Position mit ihm abgestimmt. Eigentlich geht es um die gemeinsam abgestimmte Projektposition.
- *Wie fühlt sich das an?*
  Ich fühle mich im Stich gelassen, als ob unsere Position und das, was wir besprochen haben, nicht wichtig seien.
- *Wozu sage ich Nein?*
  Ich sage Nein dazu, dass Menschen sich nicht an Abmachungen halten.
- *Was will ich stattdessen? Was ist mir wichtig?*
  Ich möchte, dass ich mich auf andere verlassen kann, ich möchte mich auf Absprachen mit meinem Vorgesetzten verlassen können.
- *Was brauche ich? Was ist mein Bedürfnis?*
  Ich brauche Verlässlichkeit.

- *Wann würde der Ärger weggehen?*
  Der Ärger würde weggehen, wenn mir der Vorgesetzte sein Verhalten im Nachgang erklären würde.
- *Wann könnte ich mit dem Ärger leben?*
  Wenn ich das Gefühl hätte, dass meine Arbeit wertgeschätzt wird.
- *Was möchte ich hören, sehen oder haben? Was soll passieren?*
  Mein Vorgesetzter soll merken, dass er sich nicht an unsere vorherige Abstimmung gehalten hat, und es mir erklären.
- *Worum geht es eigentlich? Habe ich einen Herzenswunsch?*
  Ich möchte in meiner Arbeit von meinem Vorgesetzten ernst genommen und respektiert werden.

Besonders die Frage „Wann würde der Ärger weggehen?" ist sehr hilfreich. Damit ist nicht gemeint, dass der Ärger-Anlass an sich wegfallen soll. Sondern wir wollen herausfinden, was uns erlauben würde, mit dem Fortbestand der Ärger-Situation zurechtzukommen. Lassen Sie Ihre Fantasie verschiedene Szenarien durchspielen: Würde der Ärger weggehen, wenn mein Vorgesetzter mich beim nächsten Projektmeeting lobt; oder wenn er sich bei mir entschuldigt; oder wenn ich sehen kann, wie schwer ihm solche Abstimmungen mit anderen fallen; oder wenn er mich das nächste Mal an seiner Stelle in das Meeting schicken würde?

Im Privatleben sind diese Fragen auch sehr hilfreich: Was müsste passieren, damit ich zulassen könnte, dass meine Schwiegermutter unangemeldet zu Besuch kommt? Wann wäre das für mich in Ordnung? Würde der Ärger weggehen, wenn sie mich als Schwiegertochter anerkennen würde; wenn sie sich über die Kinder freuen würde; wenn sie für uns da wäre, wenn wir Unterstützung brauchen? Bei komplexen Ärgernissen können Sie an jeder Schraube einzeln drehen und reinfühlen, ob sich der Ärger verändert.

Als Herzenswunsch möchten wir manchmal einfach nur wahrgenommen oder gehört werden, eine Entschuldigung erhalten, eine Erklärung bekommen oder so akzeptiert werden, wie wir sind.

Auf dem Weg zu unserem Herzenswunsch kann es sein, dass sich unser Ärger relativiert. Wenn ich wie im Vorgesetztenbeispiel bei dem Herzenswunsch „Respekt" lande, dann kann das ja bisher der Fall gewesen sein und das Beispiel war eine Ausnahme. Damit kann ich leben. Es kann aber auch sein, dass Respekt schon immer ein großes Problem war und sich jetzt zu Wort meldet.

Mithilfe der Fragen wollen wir herausarbeiten, welche Ziele und Vorstellungen in einem Ärger-Fall verletzt werden und was wir uns stattdessen eigentlich wünschen. Unsere Ziele und Vorstellungen klingen dabei nicht immer so ehrenwert wie „Rücksichtnahme" oder „Verlässlichkeit". Wenn wir ganz ehrlich zu uns sind, dann können unsere Ziele manchmal auch hässlich, egoistisch und selbstbezogen sein. Vielleicht wollen wir jemanden ausstechen, zurechtweisen, übertrumpfen, austricksen, fertigmachen oder ins Abseits stellen. Lassen Sie sich davon nicht entmutigen. Wir sind im Moment noch dabei, die eigenen Wünsche zu sammeln, wir bewerten sie nicht. Meist verstecken sich hinter diesen hässlichen oberflächlichen Zielen nachvollziehbare Herzenswünsche. Vielleicht verändern sich einige dieser Ziele noch, wenn wir die Ärger-Haken behandeln.

ICH

ÜBUNG

Nehmen Sie sich einen Ärger-Anlass von Ihrer Ärger-Liste, der den Ärger-Filter passiert hat und Ihren Bereich oder Ihre Schnittmengen betrifft. Formulieren Sie den Ärger-Anlass in einem Satz: Der andere macht dies oder jenes, und das ärgert mich. Fragen Sie sich zuerst als Gedankenspiel, welche möglichen Gründe es für das Ärgern geben könnte. Seien Sie ehrlich und lassen Sie alle denkbaren Ärger-Möglichkeiten zu, auch solche, auf die man nicht stolz ist.

Schreiben Sie alles auf, was für Sie einen Grund darstellt, sich zu ärgern.

Für jeden dieser Gründe stellen Sie sich die Fragen aus dem aufgelisteten Fragenkatalog und lassen sich von den Fragen treiben. Einfach eine Frage nach der anderen stellen und beantworten. Vor allem: Was muss passieren, damit der Ärger weggeht? Wann könnte ich mit der Ärger-Situation leben? Mal schauen, wo Sie landen und was Sie über Ihre eigenen Ziele, Wünsche und Vorstellungen erfahren. Sammeln Sie die Ziele und Wunschvorstellungen, die Ihnen wichtig sind. Es können mögliche Trigger sein, die, wenn verletzt, Ärger auslösen.

*

Wenn wir Klarheit haben in Bezug auf unsere Ziele und Wunschvorstellungen, dann fällt der nächste Schritt wesentlich leichter, diese dem anderen gegenüber gelassen zu kommunizieren.

4.2 Ärger-Wunsch kommunizieren

Ärger-Anlässe werden wir nicht wegzaubern können. Wir Menschen haben unterschiedliche Meinungen, Verhaltensweisen und Interessen, sodass Auseinandersetzungen und Konflikte immer wieder auftreten werden. Mit der gewonnenen Klarheit über unsere Ärger-Wünsche können wir jetzt mit dem Ärger-Verursacher in die Kommunikation gehen.

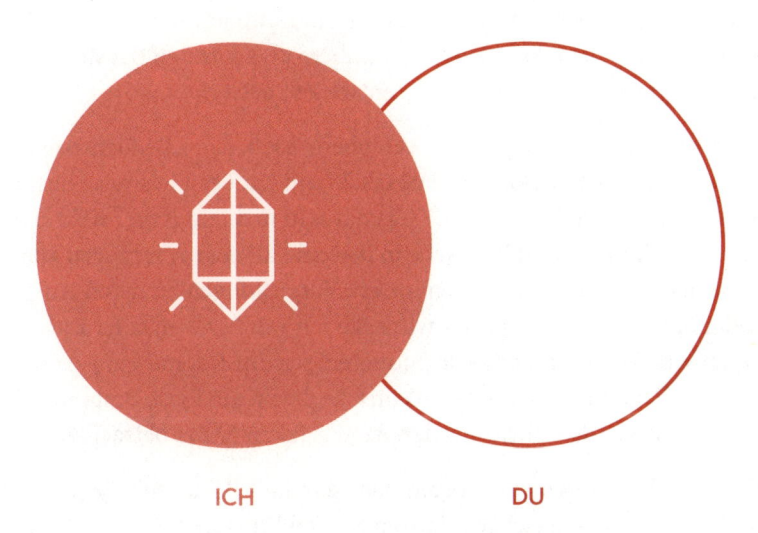

ICH   DU

In Verhaltensweisen ausgedrückt bedeutet das, dass wir den anderen nicht mehr beschuldigen, sondern ihn in der ICH/DU-Beziehung informieren und unsere Wunschvorstellungen erklären. Ärger-Aussagen fangen nicht mehr an mit „Der hat dies getan" und „Sie hat jenes getan", sondern mit Ich-Aussagen. „Ich sehe das so und so …, meiner Meinung nach müsste man …, ich würde das so und so angehen …, ich habe das Gefühl, dass …" Das Schöne an den Ich-Aussagen ist, dass sie uns keiner wegnehmen kann. Denn nur ich weiß, was ich denke, fühle, was mir wichtig ist, was ich anstrebe oder nicht möchte. Der andere mag dazu Vermutungen anstellen und Annahmen treffen, aber nur ich weiß es wirklich. Und daher darf ich sagen, wie ich das sehe, auch wenn das für alle anderen völlig abstrus klingt, ihnen nicht gefällt oder gänzlich den Rahmen sprengt. Es ist, wie es ist. So sehe und erlebe ich das eben.

Wir können die Ich-Aussagen dazu nutzen, den Fokus auf das Negative und das, was wir ablehnen, zu verlassen und uns auf das Positive, das wir erreichen möchten, zu konzentrieren. Beispielsweise können wir sagen: „Mir ist es wichtig, dass das Zimmer aufgeräumt ist", anstelle des Vorwurfs: „Du hast das Zimmer immer noch nicht aufgeräumt."

Ein weiterer Vorteil der Ich-Aussagen besteht darin, dass ich mich nicht mehr in dem Bereich des anderen bewege (*dein* Bereich) und ihn nicht mehr angreife oder bevormunde. Ich sage der anderen Person nicht mehr, wie sie am besten handelt und agiert. Stattdessen bleibe ich bei mir und in *meinem* Bereich. Mit Ich-Aussagen verringern wir den Widerstand auf der anderen Seite und ermöglichen einen ganz anderen Verlauf der Kommunikation.

Zur mentalen Vorbereitung auf ein Gespräch über einen Ärger-Anlass finde ich es sehr hilfreich, den Fragen der gewaltfreien Kommunikation zu folgen, die der US-amerikanische Psychologe Marshall B. Rosenberg als zentralen Baustein seines Konzepts zur Gewaltfreien Kommunikation entwickelt hat.

Dabei habe ich die dritte Frage von Rosenberg nach den „Bedürfnissen" mit den „eigenen Zielen und Vorstellungen" ersetzt. Wenn ich beispielsweise das Bedürfnis nach Eigenständigkeit habe, was heißt das dann in meinem Ärger-Kontext? Wie sehen meine Vorstellungen und Wünsche in diesem Fall aus? Wir mögen alle ähnliche Bedürfnisse haben, und doch können unsere Vorstellungen zu deren Ausgestaltung voneinander abweichen. Was genau wünsche ich mir? Die eigenen Ziele gilt es im Einzelfall zu schärfen und klar zu formulieren, wie im Kapital zum Ärger-Wunsch beschrieben. Welche Ziele bzw. Ärger-Wünsche davon am Ende Bestand haben, wollen wir im dritten Prozessschritt bei den Ärger-Haken näher betrachten.

Des Weiteren habe ich den vier Fragen von Marshall B. Rosenberg noch die Frage nach dem Herzenswunsch aus dem letzten Kapitel hinzugefügt.

In meiner persönlichen ärger-freien Variante sehen die Fragen zu einer gewaltfreien Kommunikation dann wie folgt aus:

ÄRGER-WUNSCH

Die Fragen zur ärger-freien und gelassenen Kommunikation

1. Was nehme ich wahr?	Meine Tatsachen
2. Wie fühlt sich das an?	Meine Gefühle
3. Was ist mir wichtig?	Meine Ziele und Vorstellungen
4. Was will ich wirklich?	Mein Herzenswunsch
5. Was brauche ich von dir?	Meine Bitte an dich

Ad 1) Meine Tatsachen

Um den Ärger-Anlass anzusprechen, fokussiert man sich auf das, was man beobachtet, und nennt die für den Ärger-Anlass relevanten Tatsachen. Zumindest so, wie man sie selbst wahrnimmt.

Die ärger-freie und gelassene Kommunikation kann nur funktionieren, wenn wir uns urteilsfrei mitteilen. Das bedeutet, die Tatsachen sachlich zu beschreiben – ohne die Dinge, die uns nicht gefallen, zu verurteilen und den anderen niederzumachen. Wenn wir urteilen und verurteilen, dann hängen wir an einem der Ärger-Haken aus Kapitel 6 fest und können nicht gelassen kommunizieren.

Ad 2) Meine Gefühle

Nach der Beschreibung der Tatsachen geht man zu sich und seinen Gefühlen über und informiert den anderen darüber, was diese Tatsache mit einem macht und wie man sich fühlt.

Diesen Schritt überspringe ich manchmal, wenn ich das Gefühl habe, es könnte zu persönlich und der anderen Person unangenehm sein. Manchmal rufen die eigenen Gefühle auch wieder Gefühle auf der anderen Seite hervor, die gerade erst durch die Beschreibung der Tatsachen etwas zur Ruhe gekommen waren. Andererseits können Gefühle auch eine Verbindung zu der anderen Person ermöglichen. Das Äußern von Gefühlen hilft uns, den anderen nicht als Roboter oder Störfaktor zu sehen, sondern als Mensch, der eigene Gefühle hat.

Ad 3) Meine Ziele und Vorstellungen

Im nächsten Schritt informiert man den anderen darüber, was einem wichtig ist.

Manchmal denken wir, der andere muss doch wissen oder selbst sehen, was uns wichtig ist. Das ist jedoch nicht immer der Fall. Es tut auch uns gut und schafft Klarheit, wenn wir formulieren und aussprechen, was uns wichtig ist. Dann wissen alle, worum es dem anderen geht, und können sich darauf einlassen und darauf antworten.

Ad 4) Mein Herzenswunsch

Es kann sehr hilfreich sein, den Herzenswunsch zu kommunizieren, der den eigenen Vorstellungen zugrunde liegt. Dieser lässt uns menschlich werden und dringt vielleicht zu dem anderen durch.

Durch den Herzenswunsch können die davor genannten Ziele relativiert werden. Vielleicht geht es gar nicht so sehr um diese Ziele, sondern im Endeffekt nur um den Herzenswunsch.

Ad 5) Meine Bitte an dich

Die Information über das, was man sich wünscht und was einem wichtig ist, ist nicht ausreichend. Wir müssen den anderen auch wissen lassen, was er ganz konkret tun kann, um uns bei dem, was uns wichtig ist, zu unterstützen. Die Bitte sollte dabei vom anderen erfüllt werden können und keine unrealistische Wünsch-dir-was-Forderung sein.

Mit der Bitte verlassen wir die Ich-Seite und formulieren erstmalig, was wir uns von der anderen Seite wünschen. Wenn wir die Bitte formulieren und dabei die Erfüllung durch den anderen im Fokus haben: „Nun mach das doch endlich so, wie ich es dir jetzt sage", dann spürt der andere, dass wir mit der Bitte einen Befehl oder eine Anordnung kaschieren. Die Bitte sollte daher aus unserem Wunsch heraus formuliert sein und keine Forderung enthalten. Der Fokus liegt dabei auf der Bitte durch uns und nicht auf einer Erfüllungspflicht durch den anderen.

Das Schöne an dieser Struktur der gewaltfreien und ärger-freien Kommunikation ist für mich, dass man sich an ihr elegant und vom anderen unbemerkt entlanghangeln kann. Man kann zu jeder Frage einen einfachen kurzen Satz formulieren und die Sätze in der vorgegebenen Reihenfolge nacheinander vortragen. Die Aneinanderreihung der Sätze ergibt einen schönen Gedankenfluss.

Nehmen wir als Beispiel den Fall an, dass ein Teenager sein Zimmer nicht aufräumt und dies ein Ärger-Anlass ist. Der Ärger-Filter sagt mir, dass es sich dabei um einen Anlass aus *deinem* Bereich handelt und ich eigentlich nicht zuständig bin. Es hat aber insofern etwas mit mir zu tun, weil das Zimmer zum einen auch in meinem Zuhause liegt und ich mich zum anderen beim Thema Aufräumen als Erziehungsberechtigte in der Pflicht sehe. Mithilfe des Fragenkatalogs aus dem letzten Kapitel habe ich für mich herausgefunden, dass einer meiner Ärger-Wünsche in dieser Situation ein Mindestmaß an Sicherheit und Hygiene im eigenen Bereich ist. Dies könnte ich jetzt wie folgt kommunizieren, indem ich einfach einen Satz zu jeder Frage nacheinander vortrage, Schritt für Schritt. Ich sage zu meinem Teenager:

Ad 1) Auf dem Boden liegen mehrere leere Glasflaschen und auf dem Bett stehen zwei Teller mit Essensresten. (Alles, was ich sehe und nicht zum Ärger-Anlass gehört, verkneife ich mir!)

Ad 2) Das macht mich sehr traurig, weil ich das Gefühl habe, dass meine Hinweise und Bitten kein Gehör finden.

Ad 3) Es ist mir wichtig, dass in meinen eigenen vier Wänden keiner über Flaschen stolpert und sich verletzt und dass keine Ameisenstraßen durch die Wohnung gebaut werden.

Ad 4) Mein Herzenswunsch ist, dass dir das, was mir wichtig ist, auch ein bisschen wichtig ist.

Ad 5) Ich bitte dich, jeden Abend vor dem Schlafengehen die leeren Flaschen in den Kasten zu stellen, die Teller in die Küche zu bringen, die Essensreste in den Biomüll zu entsorgen und die Teller in die Spülmaschine zu stellen.

Es ist sehr befreiend, die eigene Seite eines Ärger-Anlasses klar und strukturiert zu formulieren und ärger-frei und gelassen zu kommunizieren. Dieses Schema lässt sich bei jedem Ärger-Anlass und in jeder Beziehung anwenden. Es ist befriedigend, den eigenen Vorstellungen Gehör zu verschaffen, und fühlt sich sicher an, weil keiner etwas gegen die eigenen Ich-Aussagen einwenden kann. Was wir als Tatsache wahrnehmen, was wir fühlen, was uns wichtig ist und was unser Herzenswunsch ist, kann uns keiner nehmen. Wir bleiben ganz bei uns, indem wir informieren und erklären. Wir lassen der anderen Person den Freiraum und alle Optionen, unsere Aussagen aufzugreifen und darauf mit Fragen, den eigenen Vorstellungen und Gegenvorschlägen zu antworten.

ÜBUNG

Nehmen Sie einen beliebigen Ärger-Anlass, für den Sie die Fragen zum Ärger-Wunsch schon beantwortet haben und bei dem Sie Ihre Vorstellungen und Ihren Herzenswunsch kennen. Ich lade Sie ein, diesen Ärger-Anlass mithilfe der fünf Fragen zu formulieren: Ich sehe ..., ich fühle mich ..., mir ist wichtig ..., mein Herzenswunsch ist ..., ich bitte Sie/dich ... Sprechen Sie die fünf Sätze vor sich hin und korrigieren Sie bei Bedarf und formulieren neu. Je einfacher, kürzer und klarer die Sätze sind, desto besser. Schärfen Sie nach.

Und gleich den nächsten Ärger-Anlass hinterher, immer nur ein Satz pro Frage. Wenn Sie fünf Ärger-Anlässe formuliert haben, dann werden Sie merken, dass es immer leichter wird. Irgendwann fangen Sie von alleine an, Ärger-Anlässe, die neu auftreten, direkt so zu formulieren.

Es ist wie ein Mantra: Ich sehe, ich fühle, mir ist wichtig, mein Herzenswunsch ist, ich bitte dich. Und schon können Sie jeden Ärger-Anlass ärger-frei und gelassen kommunizieren!

*

4.3 Ärger-Wunsch des anderen

Wir haben den Ärger-Anlass für uns geklärt und gelassen in fünf Sätzen kommuniziert. Die spannende Frage ist: Was passiert jetzt mit unseren Aussagen? Was sagt unser Gegenüber dazu? Wie sieht der andere den Ärger-Anlass?

Was wir über das Ärger-Bewusstsein, die Ärger-Strategien und den Ärger-Wunsch erfahren haben, gilt nicht nur für das ICH in der Beziehung, sondern auch für das DU. Alles, was wir bisher über uns und den Ärger gelernt haben, kann uns dabei helfen herauszufinden, was auf der anderen Seite passiert. So, wie wir unsere Vorstellungen, Wünsche und Ziele erfüllt sehen wollen, so verfolgt der andere seine eigene Agenda.

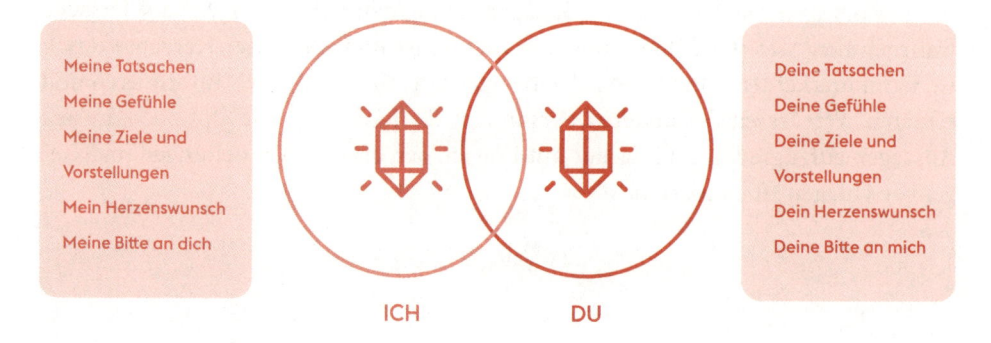

Meine Tatsachen		Deine Tatsachen
Meine Gefühle		Deine Gefühle
Meine Ziele und Vorstellungen	ICH — DU	Deine Ziele und Vorstellungen
Mein Herzenswunsch		Dein Herzenswunsch
Meine Bitte an dich		Deine Bitte an mich

Der andere hört sich unseren Ärger-Anlass an und ärgert sich eventuell seinerseits über das Thema oder die Situation. Da unser Gegenüber eine andere Person ist, wird sie die Lage wahrscheinlich anders sehen, anders deuten, anders wahrnehmen als wir und anders reagieren. Sie hat wie wir die Möglichkeit, ihren Ärger-Anlass zu filtern und alles loszulassen, was eine Annahme ist, *extern gegeben* ist oder in *deinen* Bereich fällt. Für den verbleibenden Ärger-Anlass kann sie den Ärger-Wunsch ergründen und Klarheit in die eigenen Ziele und Vorstellungen bringen.

Auch wenn der andere seinen Ärger-Anlass noch nicht geklärt hat, können wir ihm mit unserer ärger-freien und gelassenen Kommunikation helfen, in den Dialog zu gehen und die eigene Position zu formulieren. Dabei geht es nicht darum, sich in die Schuhe des anderen zu versetzen, denn dies würden wir wieder mit den eigenen Erfahrungen und Ansichten tun. Vielmehr geht es darum, sich für seine Position zu öffnen, neugierig zu sein und nachzufragen. Anstelle von eigenen Annahmen oder Perspektivwechsel lassen wir den anderen mit seiner Meinung zu Wort kommen.

Nachdem wir unsere Beobachtung der Sachlage geschildert haben, können wir die andere Person fragen, wie sie die Situation wahrgenommen hat. Wenn wir unsere Gefühle beschreiben, können wir fragen, wie sich das für den anderen anfühlt. Etwas, was uns wichtig ist, ist ihm vielleicht nicht wichtig. Was ist ihm denn wichtig? Wir können unsere Bitte formulieren und nachfragen, was der andere dazu sagt. Womit kann er leben und womit nicht? Vielleicht gibt es einen Gegenvorschlag?

Es geht dabei nicht darum, die Position des anderen zu akzeptieren, weil man sie verstanden hat oder sogar teilt. Es geht darum, seine Position zu hören und zu *versuchen*, ihn zu verstehen und gemeinsam eine Lösung zu finden. Es geht darum, die Position des anderen anzunehmen, auch wenn man sie nicht nachvollziehen oder verstehen kann.

Ein gelassener Austausch in unserem „Unaufgeräumtes-Zimmer-Beispiel" könnte wie folgt aussehen:

> „Wie wichtig sind dir denn Hygiene und Sicherheit in deinem Zimmer?"

> „Mir ist das egal, ist doch alles sicher, wird schon keiner drüber stolpern."

> „Und was ist mit den Tellern mit den Essensresten?"

> „Irgendwann hätte ich sie schon weggeräumt."

> „Okay, wann würdest du denn die Teller in die Küche bringen wollen?"

> „Reicht mir alle zwei Tage."

„Damit komme ich aber nicht zurecht, ich habe keine Lust auf Ameisen und Kakerlaken. Mir ist Hygiene echt wichtig."

„Weiß nicht, kann die Teller ja abends in die Küche bringen."

„Okay, danke. Und was ist mit den Flaschen? Wie kann man das sicherer gestalten?"

„Ich sammele sie da hinten in der Ecke."

„Das ist mir aber zu unordentlich und unsicher. Ich möchte mir über die Flaschen keine Gedanken machen müssen. Wie wäre es, wenn ich dir einen Kasten für dein Zimmer gebe und du stellst da alles rein?"

„Völlig unnötig. Aber wenn's unbedingt sein muss."

Wie beim Tennismatch oder Tischtennis kann man sich den Ball hin- und herspielen mit dem Ziel, möglichst viel über die Wahrnehmung, die Gefühle, die Wünsche und Vorstellungen des jeweils anderen zu erfahren. In Verhaltensweisen gesprochen geht es um Informieren und Erklären im ständigen Wechsel mit Neugierigsein, Fragen und Zuhören. Das macht unglaublich viel Spaß, weil man seine Position darlegen kann, aber auch viel über den anderen erfährt. Selbst wenn man am Ende nicht zu einer gemeinsamen Position gelangt, so ist man in Verbindung und in Kommunikation. Dies erlaubt einem, ärger-frei und gelassen zu bleiben.

Sollten wir im Lauf der Kommunikation durch eine Bemerkung wieder in den Ärger-Modus rutschen, so können wir schnell den Ball mit einer offenen Frage an den anderen spielen und uns kurz sammeln. Wenn wir uns für ihn und seine Ideen interessieren, dann lenkt uns das von der eigenen Unzufriedenheit ab und öffnet uns wieder für den Austausch.

ÜBUNG

Wenn Sie Sicherheit darin gewonnen haben, Ihre Ärger-Anlässe gelassen zu kommunizieren, dann gehen Sie den nächsten Schritt und interessieren sich für die Beobachtungen, Gefühle, Vorstellungen, Herzenswünsche und Bitten der anderen. Finden Sie heraus, was sie brauchen, was ihnen wichtig ist und wie Sie ihnen etwas Gutes tun können. Wie können Sie den anderen helfen, ihre Ziele zu erreichen? Was können Sie für andere tun?

*

4.4 Fazit des Ärger-Wunschs

Sie erkennen jetzt, welche unerfüllten Wünsche sich hinter einem Ärger-Anlass verbergen, und können die eigenen Ziele, Wünsche und Vorstellungen positiv formulieren. Sie wissen, was Ihnen wichtig ist und wie Ihr Herzenswunsch aussieht. Sie können Ihre Wahrnehmung, Gefühle und Wunschvorstellungen gewaltfrei und gelassen vortragen und in einen offen konstruktiven Austausch mit Ihrem Gegenüber gehen. Mit konsequenter Anwendung des Ärger-Klärungs-Prozesses sind Sie jetzt in der Lage, alle Ärger-Anlässe zu filtern und loszulassen oder den eigenen Ärger-Wunsch zu klären und zu kommunizieren.

Glückwunsch – Sie sind ärger-frei!

Erfahrungsgemäß wird uns dieser Ärger-Prozess leider nicht immer gelingen und wir müssen feststellen, dass wir ab und zu noch irgendwo im Prozess festhängen und uns ärgern. Sie wissen beispielsweise, dass ein Ärger-Anlass *extern gegeben* ist und Sie gleich einen grünen Haken setzen könnten, und trotzdem will es Ihnen bei dem Thema einfach nicht gelingen. Sie können oder wollen das Thema nicht loslassen. Oder Sie wissen, dass Sie bei einem Ärger-Thema in *deinem* Bereich (vgl. Seite 61 ff.) unterwegs sind und können es nicht unterlassen, sich ständig in den Bereich des anderen einzumischen. Es gelingt Ihnen nicht, *deinen* Bereich loszulassen. Oder Sie sind zum Beispiel in der Lage, Ihren Ärger-Anlass ganz kompetent und gelassen vorzutragen, aber Sie haben absolut kein Interesse und keine Lust, sich mit Ihrem Gegenüber konstruktiv auseinanderzusetzen. Sie können sich nicht dazu überwinden, sich für den anderen zu interessieren und mit ihm in den Austausch zu gehen.

In all diesen Fällen sitzen wir im Ärger fest und können oder wollen nicht loslassen. Eigentlich könnten wir loslassen, denn wir wissen ja: Was man tun kann, kann man auch lassen. Aber wir wollen es partout nicht. Wir halten an irgendetwas fest. Was ist das?

Ich nenne es die Ärger-Haken. In den vielen Jahren, die ich bereits coache und trainiere, haben sich für mich fünf „Haken" herauskristallisiert, an denen wir festhängen können. Manchmal hängen wir auch an mehreren gleichzeitig fest. Wir könnten einfach unsere Hand öffnen und den Haken loslassen, aber tun es nicht, weil wir es nicht wollen. Auch hier gilt, dass der Nutzen, am Ärger festzuhalten, in dem Moment gefühlt größer sein muss als der Nutzen, vom Ärger befreit zu sein. Etwas scheint uns so wichtig zu sein, dass wir den Ärger mit beiden Händen festhalten und seine Kosten in Kauf nehmen.

Ich sage mit Absicht, etwas *scheint* uns wichtig zu sein. Denn es ist uns in Wirklichkeit nicht alles so wichtig, wie wir vielleicht denken. Wir haben unzählig viele Prinzipien, Werte, Wünsche, Vorstellungen, Ziele. Welche davon sind wirklich wichtig? Für welche Ziele lohnt es sich, sich zu ärgern und sich intensiv mit dem Ärger-Anlass zu beschäftigen? Wo wollen wir wirklich etwas bewegen?

Nachdem wir unsere Ziele und Wünsche gerade erst mühsam durch die Ärger-Klärung herausgearbeitet haben, wird ein Teil dieser Ziele im Verlauf des nächsten Kapitels relativiert.

ÜBUNG

Betrachten Sie Ihre Liste der Ärger-Anlässe: Bei welchen Themen, Situationen oder Personen sind Sie trotz Ärger-Filter und Klarheit über den Ärger-Wunsch nicht in der Lage, den Ärger-Anlass wirklich loszulassen? Welche Ärgernisse können Sie nicht gelassen kommunizieren? Wo gehen Sie nicht gelassen in den Austausch? Bei welchen Ärger-Anlässen oder Wünschen ärgern Sie sich nach wie vor, wenn auch deutlich weniger oder nur ein bisschen? Nehmen Sie diese Themen mit in die nächste Runde und lassen sich auf die Ärger-Haken ein. Mal sehen, was passiert.

*

Im nächsten Prozessschritt, den Ärger-Haken, wollen wir klären, wo und warum wir vielleicht noch im Ärger festsitzen, und dabei unsere Ziele und Wunschvorstellungen, die den Ärger speisen, auf den Prüfstand stellen.

5. | Ärger-Haken

Bisher haben wir uns intensiv mit dem ICH beschäftigt: mit dem eigenen Ärger-Bewusstsein, den eigenen Ärger-Strategien, dem eigenen Bereich inklusive Schnittmengen und den eigenen Vorstellungen und Wünschen, die den Ärger speisen. Mit der gewonnenen Klarheit über unsere Ziele können wir jetzt die Beziehung näher betrachten, in der der Ärger auftritt und die eigenen Vorstellungen nicht erfüllt werden. Wir erweitern die Betrachtung um die Art und Weise, wie wir mit dem anderen in Beziehung stehen und was wir in dieser Beziehung verfolgen. Wir betrachten die Beziehung ICH/DU und wie wir in ihr agieren.

Wären wir alleine auf der Welt oder hätten wir das alleinige Gestaltungsrecht, dann wäre der Blick auf die Beziehung von ICH/DU nicht erforderlich. Wir könnten unsere Vorstellungen leben, umsetzen oder diktieren, ohne Rücksicht auf die Ideen und Vorstellungen anderer. Da unser Leben jedoch in Beziehung stattfindet, endet unser Bereich und die Umsetzung der eigenen Vorstellungen spätestens bei den divergierenden Vorstellungen der Person, mit der wir in Beziehung stehen und eine Schnittmenge teilen.

Wir stellen das, was uns wichtig zu sein scheint, in der ICH/DU-Beziehung auf den Prüfstand, indem wir die Ärger-Haken einzeln durchgehen und uns fragen, ob wir dort vielleicht festsitzen. Die Ärger-Haken helfen uns, die eigene Position in der Beziehung ICH/DU zu bestimmen. Dabei gilt es, jeden Ärger-Anlass einzeln zu betrachten, denn jede Situation ist anders, wird unterschiedlich erlebt und erfordert ihre eigenen Lösungsschritte.

Für diesen Schritt der Ärger-Klärung ist es mir besonders wichtig, dass Sie spüren können, wo Sie stehen und was für Sie zutrifft. Ich stelle die einzelnen Ärger-Haken mithilfe von Charts und anhand verschiedener Alltagssituationen vor, damit Sie hineinfühlen können, ob Sie sich irgendwo wiederfinden. Die Charts und Symbole sollen als Anker dienen und eine visuelle Orientierungshilfe sein.

Ich unterscheide fünf verschiedene Ärger-Haken:

> **ÄRGER-KLÄRUNG**
>
> **Die 5 Ärger-Haken**
>
> 1. Der ICH/DU-Regler
> 2. Die Zu-viel/Zu-wenig-Skala
> 3. Der Urteilsknopf
> 4. Die Kontoführung
> 5. Schein oder scheinen

Ich habe das Bild der Ärger-Haken schon vor vielen Jahren für mich gewählt, weil uns keiner zwingt, irgendwo festzusitzen. Diese Haken sind da, hängen von der Decke oder werden uns von anderen entgegengehalten. Wir haben die Wahl, sie zu ignorieren. Oder wir können zugreifen und an ihnen festhängen wie ein Fisch, der nach einem Köder schnappt. Anders als der Fisch können wir den Köder jedoch jederzeit ausspucken und uns vom Ärger befreien. Uns werden täglich unzählige solcher Ärger-Haken angeboten, viele davon bekannte und vielleicht auch gefürchtete Ärger-Trigger.

Umgekehrt sind wir in der ICH/DU-Beziehung manchmal wie Piraten, werfen unsere Enterhaken aus und ziehen andere Menschen in unseren Ärger hinein. Wir halten uns über diese Haken an anderen fest und lassen sie nicht frei. Manchmal wissen sie gar nicht, dass sie bei uns an einem Ärger-Haken hängen. Über diese Ärger-Haken können wir über Jahre und über Ozeane hinweg mit anderen in Beziehungen bleiben, auch wenn es nur über eine Ärger-Beziehung ist. Wir beißen uns an einem Thema oder einer Person fest wie ein kleiner Terrier.

Es gibt Haken, an denen wir schon seit Jahren festhängen. Wir geben die Hoffnung nicht auf und bestehen und warten darauf, dass unsere Ärger-Wünsche erfüllt werden. Andere Haken nehmen wir mal kurz in die Hand und lassen sie wieder los. Manchmal hängen wir nur an einem Haken fest und manchmal an mehreren gleichzeitig. Mal nur ganz leicht, mal sind wir fast mit ihnen verwachsen. Wenn wir ärgerblind sind, dann merken wir nicht mal, dass wir an einem Ärger-Haken hängen.

Die Ärger-Haken sind für mich das Kernstück des Ärger-Klärungs-Prozesses und aus der Erkenntnis entstanden, dass wir uns selbst den Weg zur Gelassenheit versperren. Erst die Befreiung von Ärger macht Gelassenheit möglich. Wir alle könnten gelassen sein. Aber zuerst müssen wir willens sein, den eigenen Ärger zu klären und loszulassen, an dem wir freiwillig und immer wieder festhalten.

ÜBUNG

Ich lade Sie ein, ganz konsequent jeden einzelnen Haken in Gedanken durchzugehen und ergebnisoffen zu prüfen, ob sich dort Ärger bemerkbar macht. Bitte erlauben Sie sich, an einem Ärger-Haken festzuhängen! Vielleicht haben Sie einen Lieblingshaken, bei dem Sie schnell zugreifen und festhängen. Vielleicht denken Sie, dass die anderen Ärger-Haken für Sie keine Gefahr darstellen. Aus eigener Erfahrung kann ich nur sagen: Es ist gut, sie alle kennenzulernen und bei sich im Leben wiederzuerkennen. Die Erkenntnis, an einem Ärger-Haken zu hängen, ist nicht unbedingt schön, aber zeigt uns die Realität und damit den Weg aus dem Ärger in die Gelassenheit.

Sehen Sie es wie ein Spiel: Versuchen Sie wie ein Detektiv, bei jedem einzelnen Ärger-Haken etwas zu finden, was Sie dort festhalten könnten. Das Herumschnüffeln und Herumspielen können sogar richtig Spaß machen und unerwartete Erkenntnisse zutage fördern.

*

5.1 Der ICH / DU-Regler

Der ICH / DU-Regler stellt die Frage, wie sehr wir im jeweiligen Ärger-Kontext auf unsere Ziele, Vorstellungen und Wünsche fokussiert sind (ICH) und inwieweit wir die Ziele, Vorstellungen und Wünsche des anderen (DU) wahrnehmen und sehen können.

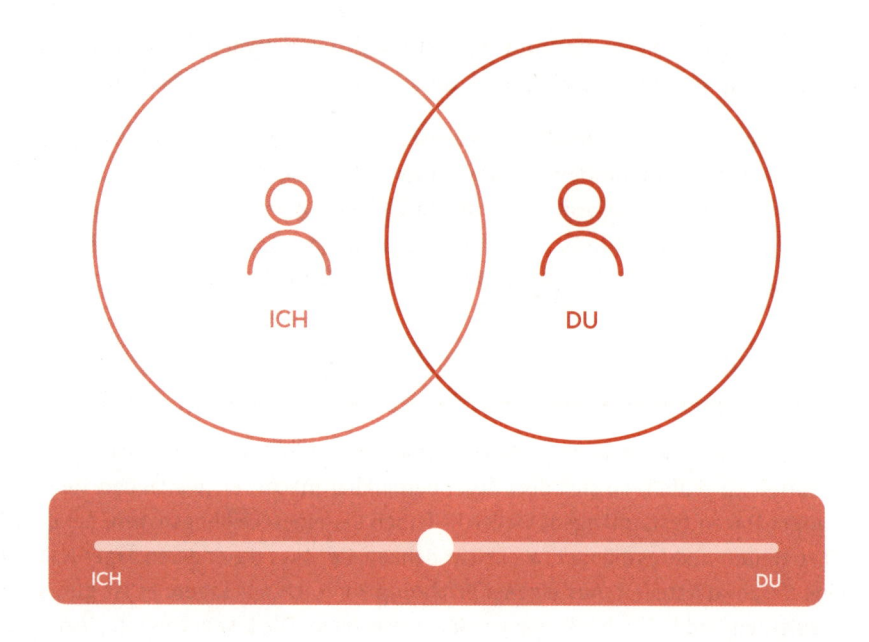

Stellen Sie sich den Regler vor wie bei einem Mischpult. Sie können den Regler beliebig nach links in Richtung ICH schieben oder weiter nach rechts Richtung DU. Der ICH / DU-Regler soll uns ein Gefühl dafür geben, wo unser Fokus bei einem bestimmten Ärger-Anlass liegt.

Ich setze diese Prüfung gerne an den Anfang, weil die Frage, worauf wir uns fokussieren, die eigene Blindheit aufzeigen kann. Wenn wir blind sind, dann sind wir nicht in der Lage, die eigene Position zu erkennen, was eine Befreiung aus dem Ärger schwierig werden lässt.

a) Die ICH-Reglerposition

Wenn unser Regler im Extremfall ganz links bei den eigenen Vorstellungen steht, dann sind wir völlig auf uns und unseren Ärger-Wunsch fokussiert. Je wichtiger uns unsere Ziele sind und je hilfloser und verzweifelter wir sind, weil diese nicht realisiert werden, desto tiefer sitzen wir in dieser Position fest. Wir sind im Tunnelblick gefangen und unsere Optionen sind eingeschränkt.

Das kann so weit gehen, dass wir den anderen gar nicht sehen. Wie in dem Schaubild dargestellt, ist das DU in unserer Wahrnehmung völlig verschwunden und es gibt nur noch uns, das ICH.

Vielleicht sind wir in der Lage, die andere Person zu sehen, aber nur als Schnittmenge und damit als Teil unseres Lebens. Ihr Leben findet nur in Bezug auf unsere Ziele statt. Was kann oder soll sie für mich tun? Wie wirkt sich das, was sie tut, auf mich aus? Steht die andere Person meiner Zielerreichung im Weg? Wenn wir sie nur als Bestandteil in unserem Leben wahrnehmen, dann sehen wir nicht, was sonst noch alles in ihrem Leben vorgeht. Wir sehen nur uns und den anderen als Teil von uns.

Einige Ärger-Beispiele zur ICH-Reglerposition:

- *Im Stau*
  Wenn wir im Stau stehen und es eilig haben, dann zählt nur das eigene Vorwärtskommen. Die Tatsache, dass in den anderen Autos ebenfalls Menschen sitzen, die ein eigenes Ziel ansteuern, nehmen wir nicht wahr. Wir wollen es auch gar nicht, weil es uns in dem Moment nicht interessiert. Wir sind nur auf uns fokussiert.

- *Teambesprechung*
  Gehen Sie gerne gut vorbereitet mit einer eigenen Agenda in eine Sitzung oder in ein Gespräch? Je stärker der Erfolgs- oder Zeitdruck oder je größer der finanzielle Anreiz, desto größer die Gefahr, dass wir uns allein auf unser Anliegen beschrän-

ken. Dann spielen die Anliegen und Beiträge der anderen Personen keine Rolle. Sie stehen uns sogar im Weg.

- *Der unsichtbare Kollege*
  Vielleicht kennen Sie das Phänomen – es gibt Kollegen, die wir gar nicht wahrnehmen. Sie fallen uns nicht auf. Diese Kollegen sind quasi unsichtbar. Im Team, auf dem Flur, im Großraumbüro. Die anderen sind unwichtig und nur wir sind wirklich wichtig mit unserer Aufgabe und unserer Arbeit. Wir sehen nur uns.

- *Vorgesetzte, die uns das Leben schwer machen*
  Es gibt so viel, was Vorgesetzte tun könnten, um uns das Arbeitsleben zu erleichtern. Sie könnten besser informieren, besser koordinieren, besser kommunizieren. Die Liste unserer Wünsche ist endlos.

- *Griechisch oder italienisch*
  Haben Sie feste Vorstellungen, wenn es darum geht, ein Restaurant, einen Kinofilm oder ein Urlaubsziel auszuwählen? Sind Sie die Person, die in der Regel bestimmt?

- *Endlich Feierabend*
  Sie kommen nach einem langen und ereignisreichen Arbeitstag nach Hause und sehnen sich danach, kurz auszuspannen? Kaum sind Sie angekommen, werden Sie von Kindern, Hausaufgaben, Haushaltspflichten, Partner, Familie überfallen. Ziehen Sie sich zurück und nehmen Ihre Auszeit?

Wenn wir die anderen nicht sehen oder sie als Hindernisse auf dem Weg zu unseren Zielen wahrnehmen, dann sind wir vielleicht im ICH-Fokus gefangen. Mögliche Anzeichen sind Ungeduld und eine fordernde Haltung.

Das heißt nicht, dass wir schlechte Menschen sind. Es kann einfach nur bedeuten, dass wir in bestimmten Situationen den Blick für die andere Person verloren haben – ausgelöst durch die Bedeutung und empfundene Dringlichkeit des eigenen Themas.

Der ICH-Fokus kann nur für einen Moment andauern, er kann aber auch zu unserem ewigen Weggefährten werden. Dann sitzen wir in der Ärger-Position fest, weil wir den anderen nicht sehen können oder sehen wollen. Die Folge ist, dass Beziehungen zu einer Herausforderung werden können.

ÜBUNG

Wenn Sie bei einer Ärger-Situation merken, dass Ihr ICH / DU-Regler sehr weit auf der ICH-Seite steht, dann können Sie anhalten und bewusst Ausschau halten nach dem DU. Wer ist noch im Raum, welche Anliegen haben die anderen, was beschäftigt sie? Fragen Sie sich, wie sich Ihr Handeln auf die anderen auswirkt. Was könnten Sie für sie tun?

Das hilft sofort, denn es lenkt vom eigenen ICH ab und erweitert automatisch das Sichtfeld. Ich nutze hier gern das Bild einer Taschenlampe: Nehmen Sie gedanklich eine Taschenlampe in die Hand und leuchten Sie damit auf die Menschen um Sie herum. Was mag sie wohl bewegen? Seien Sie neugierig.

*

In den vorgestellten Beispielen könnten Sie Folgendes ausprobieren:

- *Im Stau*
  Schauen Sie sich um und fragen Sie sich, wie es wohl den Verkehrsteilnehmern um Sie herum geht. Was entdecken Sie?

- *Teambesprechung*
  Stellen Sie die eigene Agenda für die nächste Sitzung oder für das nächste Gespräch zurück und lassen sich bewusst auf die Agenda der anderen ein. Hören Sie zu.

- *Der unsichtbare Kollege*
  Welche Personen sehen Sie nicht: im Büro, auf der Straße, im Supermarkt, auf der Party, am Esstisch …? Achten Sie bewusst auf alle Menschen um Sie herum. Seien Sie neugierig.

- *Vorgesetzte, die uns das Leben schwer machen*
  Wie geht es eigentlich Ihren Vorgesetzten? Vor welchen Herausforderungen stehen sie? Mit welchen Rahmenbedingungen haben sie vielleicht zu kämpfen? Fragen Sie nach.

- *Griechisch oder italienisch*
  Fragen Sie die anderen Beteiligten aktiv nach ihren Wünschen und Vorstellungen und lassen Sie andere entscheiden. Wie fühlt sich das an?

- *Endlich Feierabend*
  Fragen Sie die anderen, wie ihr Tag war und was sie brauchen. Vielleicht ergibt sich etwas später die Möglichkeit, sich die ersehnte Auszeit zu nehmen.

Wenn die Menschen um Sie herum nicht mehr unsichtbar sind, dann haben Sie den ICH / DU-Regler vom ICH-Fokus nach rechts in Richtung DU bewegt.

Der nächste Schritt besteht darin, die Antennen für das DU zu stärken. Das bedeutet, die Person nicht nur zu sehen, sondern sich für ihre Ziele, Vorstellungen und Wünsche zu interessieren. Wünsch-dir-Was wäre ein Zustand, in dem wir neugierig sind und offen für das, was andere Personen ausmacht und bewegt.

b) Die DU-Reglerposition

Es gibt sie, die Menschen mit den gut ausgebildeten Antennen für die Vorstellungen und Ziele anderer. Sie nehmen nicht nur die Anliegen der anderen Person wahr, sondern versuchen, diese im Rahmen ihrer Möglichkeiten beim eigenen Handeln zu berücksichtigen.

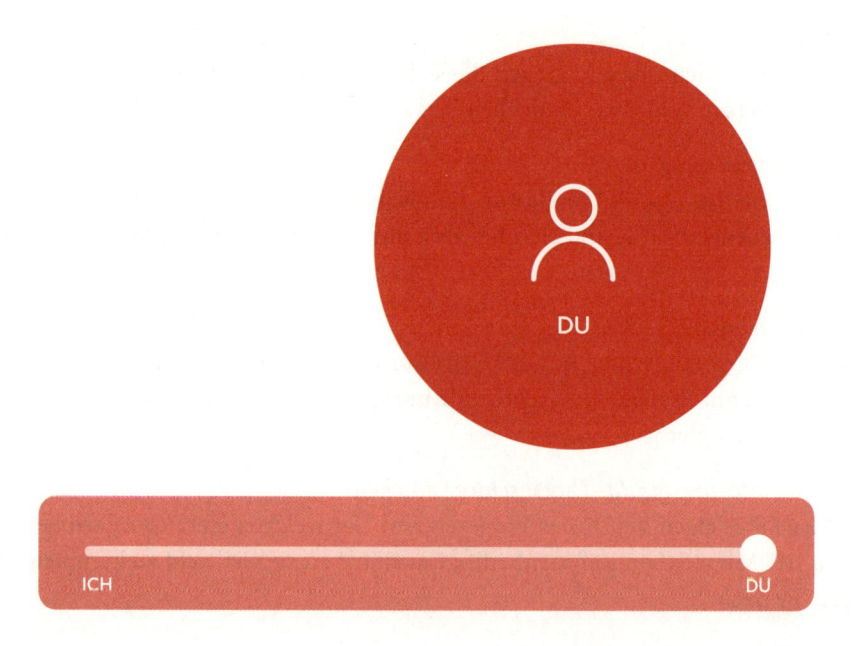

Ein Ärger-Thema wird es erst dann, wenn der ICH / DU-Regler zu weit auf der DU-Seite steht. Das trifft bei Personen zu, die bei der Rücksichtnahme auf andere Menschen die eigenen Ziele und Vorstellungen so weit zurückstellen, dass das DU auf Kosten des ICH geht. Das kann so weit gehen, dass man die eigenen Bedürfnisse völlig vernachlässigt, bis hin zur Selbstaufgabe. Wie in dem Schaubild dargestellt, ist das ICH dann nicht mehr sichtbar.

Einige Ärger-Beispiele zur DU-Reglerposition:

- *Die eigenen Karrierepläne*
Wenn ein Elternteil für die Erziehung der Kinder die eigenen Karrierepläne zurückstellt oder aufgibt, ist alles in Ordnung, solange er oder sie dabei entspannt ist. Wenn allerdings nicht gelebte Karrierepläne ein regelmäßiger Ärger-Anlass sind, dann steht der ICH / DU-Regler zu weit rechts. Die eigenen Ziele und Vorstellungen leiden, und der Ärger meldet als unser Freund und Helfer Handlungsbedarf.

- *Immer zu Kompromissen bereit*
In welchen Film gehen wir? In welches Restaurant? Wann sollen wir losfahren? Die Kompromissbereiten sind in der Lage, nachzugeben und den anderen bei ihren Wünschen entgegenzukommen. Auch hier gilt es, auf die Ärger-Anzeichen zu achten. Kosten die Kompromisse zu viel Kraft oder verliert man sich selbst dabei, dann steht der Regler zu weit auf dem DU.

- *Ich helfe gerne*
Sie helfen gerne und unterstützen, wo Sie können. Braucht Sie der Chef und Sie sollen länger arbeiten, dann sind Sie zur Stelle. Solange Sie dabei entspannt und zufrieden sind: wunderbar! Werden Rücksichtnahme und Hilfe jedoch zu einem Ärger-Anlass, dann steht der ICH / DU-Regler vielleicht zu weit rechts. Auch in diesem Fall erinnert der Ärger daran, den eigenen Interessen mehr Raum zu geben.

- *Alles für das Kind*
Wie kann das sein, dass wir unsere Erziehungsziele nicht erreichen, wenn wir doch versuchen, den Bedürfnissen und Wünschen unserer Kinder gerecht zu werden? Häufig ist der Regler im Zeitablauf zu weit auf das DU gerutscht und die Kinderwünsche haben Vorrang erhalten vor den eigenen Erziehungszielen.

Wenn der Regler auf DU steht, dann sind wir so sehr mit den Wünschen und Bedürfnissen der anderen beschäftigt, dass wir darüber vergessen können, nach unseren eigenen Wünschen zu fragen. In Ausnahmesituationen wie Krankheit, Termindruck oder einem Schicksalsschlag stellen wir natürlich unsere ICH-Seite zurück und widmen uns voll dem DU. Die eigenen Bedürfnisse über einen längeren Zeitraum zu vernachlässigen ist allerdings auf Dauer nicht gesund und mindert auch unsere Fähigkeit, für andere da zu sein.

ÜBUNG

Wir sind nicht nur in Beziehung mit dem anderen Menschen, sondern auch mit uns selbst. Nehmen Sie sich selbst genauso als Person wahr wie die anderen, auf deren Bedürfnisse Sie achten. Fragen Sie sich öfter, was Sie möchten und welche Vorstellungen Sie haben. Fahren Sie mit dem Regler – wie beim Volumenregler Ihres Radios oder Handys – das ICH hoch und hören Sie zu, was es Ihnen sagen möchte.

*

In den vorgestellten Beispielen könnten Sie Folgendes ausprobieren:

- *Die eigenen Karrierepläne*
  Wenn Ihnen die eigenen Karrierepläne wichtig sind, dann finden Sie heraus, wie Ihr persönlicher Karriereweg aussehen könnte und was Sie brauchen, um ihn umzusetzen. Vielleicht müssen Sie Unterstützung in Anspruch nehmen, um die eigenen Zielvorstellungen zu verwirklichen.

- *Immer zu Kompromissen bereit*
  Experimentieren Sie. Verzichten Sie bewusst auf einen Kompromiss und setzen Sie eigene Vorstellungen durch: Bestimmen Sie den Film, das Restaurant, die Uhrzeit. Einfach um zu spüren, wie es ist, die eigene Position zu vertreten. Das beinhaltet auch, aushalten zu können, dass die Vorstellungen des anderen nicht erfüllt werden! Wie fühlt sich das an?

- *Ich helfe gern*
  Auch hier kann man prima das Gegenteil von dem tun, was man sonst tun würde. Statt zu helfen, helfen Sie mal nicht, nur der Übung halber. Wenn der Chef Sie also braucht und Sie weitere Überstunden machen sollen, dann helfen Sie bei Ärger-Anzeichen mal nicht. Setzen Sie die eigenen Interessen an die erste Stelle und gehen Sie pünktlich nach Hause. Einfach um sich zu beweisen: Ich bin auch noch da und kann selbst bestimmen.

- *Alles für das Kind*
  Spielen Sie mit dem ICH / DU-Regler, um zu sehen, wo Freiräume für die Kinder angemessen sind und wo eine stärkere Führung hilfreich ist.

Vielleicht hilft Ihnen das Bewusstsein für die eigene Position beim ICH / DU-Regler bereits, um sich mehr in die Mitte zu bewegen und aus festgefahrenen Positionen auszusteigen. Eventuell relativieren sich dann eigene Vorstellungen und Erwartungen (Verlassen der ICH-Position) oder die eigenen Vorstellungen und Ziele bekommen mehr Gewicht (Verlassen der DU-Position). Finden Sie durch Ausprobieren eine Position, in der das, was Ihnen wichtig ist, erfüllt ist und Sie sich wohlfühlen. Von da können Sie gelassen an der Beziehung arbeiten und Positionen austauschen.

c) Die Mitte des ICH / DU-Reglers

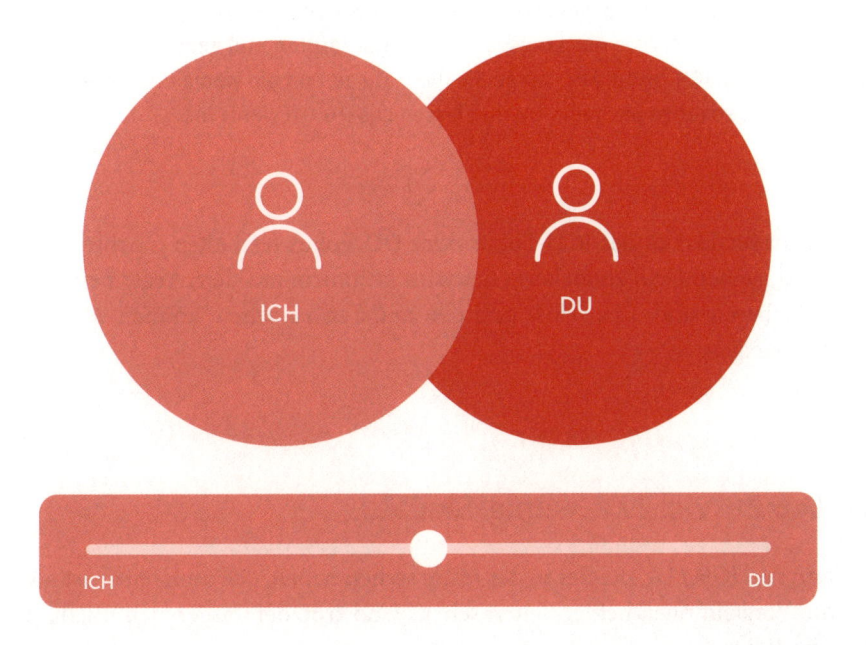

Idealerweise steht der ICH / DU-Regler im Ärger-Kontext in der Mitte. Dort, wo wir uns selbst und den anderen sehen können. An dieser Stelle sind die eigenen Ziele und Vorstellungen genauso präsent wie die Anliegen und Vorstellungen der anderen Partei. Diese ICH / DU-Einstellung ist eine wichtige Voraussetzung, damit die ärgerfreie gelassene Kommunikation unserer Position und der gelassene Austausch mit unserem Gegenüber gelingen können.

Damit ist das Ärger-Thema vielleicht noch nicht gelöst. Aber indem die unterschiedlichen Ziele und Vorstellungen zugelassen und transparent gemacht werden können, steigen die Chancen für eine nachhaltige Lösung.

ÜBUNG

Ich lade Sie dazu ein, mit dem ICH/DU-Regler zu experimentieren und die eigene Position regelmäßig zu überprüfen. Schieben Sie den Regler ein bisschen nach links zum ICH oder ein bisschen nach rechts zum DU. Brauchen Sie mehr ICH oder mehr DU? Was wäre hilfreich und würde Bewegung in das Ärger-Thema bringen? Nutzen Sie den ICH/DU-Regler, um vor einem Gespräch die eigene Ausgangsposition zu überprüfen und gegebenenfalls zu justieren. Wenn Sie im ICH festsitzen, lassen Sie mehr Du zu und ein wenig ICH los. Wenn Sie im DU festsitzen, erlauben Sie mehr ICH und lassen das DU ein wenig los.

*

Wer am Ärger-Haken des ICH-Fokus oder DU-Fokus festhalten möchte und nicht willens ist, seinen Griff zu lockern, der wird sich nicht aus dem Ärger befreien. Erst wenn wir bereit sind, uns selbst und den anderen zu sehen, können wir aus dem Ärger aussteigen.

5.2 Die Zu-viel / Zu-wenig-Skala

Ich kann den ICH/DU-Regler in der Mitte stehen haben, den anderen ernst nehmen und die Vorstellungen beider Seiten sehen. Und trotzdem ärgere ich mich. Woran kann das liegen?

Im Prozessschritt des Ärger-Wunschs haben wir die Ziele und Wunschvorstellungen, die den Ärger speisen, ergründet und Ärger-Klarheit geschaffen. Das heißt aber noch nicht, dass wir uns auch wirklich für unsere Ziele einsetzen und etwas unternehmen. Es kann sein, dass wir bei der Aussage „das ärgert mich" stehen bleiben und nicht weitergehen. Dann machen wir „zu wenig". Oder wir fallen in das andere Extrem und verfolgen unsere Ziele zu vehement. In beiden Fällen – *zu viel* und *zu wenig* – ärgern wir uns. Und dies unabhängig davon, ob der ICH/DU-Regler in der Mitte steht.

Während der ICH/DU-Regler den Fokus auf meine Ziele oder deine Ziele visualisiert, verdeutlicht die Zu-viel/Zu-wenig-Skala die Intensität, mit der wir die eigenen Vorstellungen verfolgen. Wir können in Bezug auf die eigenen Ziele:
- zu wenig unternehmen
- das für uns ärger-freie Maß an Engagement wählen
- zu viel unternehmen

ICH   DU

ZU WENIG   ÄRGER-   ZU VIEL
            FREI

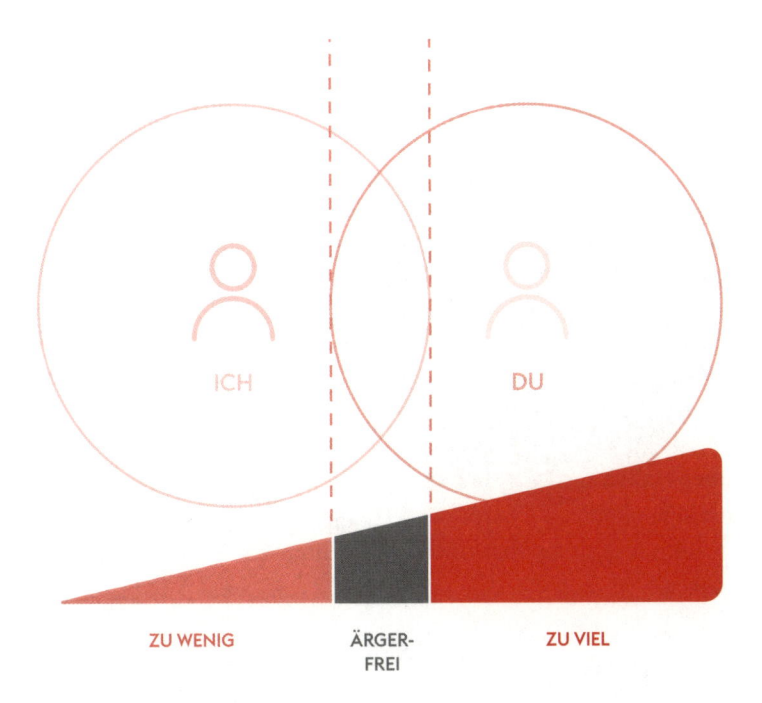

Die Zu-viel / Zu-wenig-Skala soll Ihnen helfen, die eigene Position bei der Verfolgung der eigenen Ziele zu bestimmen. Mit unserem Engagement bewegen wir uns wie auf einer Skala: Wir engagieren uns mal mehr, mal weniger. Wo fühlt es sich gut an? Wo fühlt es sich nicht so gut an? Wo möchten Sie sein?

a) Der ärger-freie Bereich

Im *ärger-freien Bereich*, den ich auch gerne „grüner Bereich" nenne, ärgern wir uns nicht. Das liegt daran, dass wir unsere Vorstellungen nicht nur sehen und kennen, sondern auch kundtun und verfolgen. Und zwar auf eine Art und Weise und in dem Maße, wie es uns richtig erscheint. In diesem grünen Bereich füllen wir den ICH-Bereich ganz aus und zeigen unsere gesamte Persönlichkeit. Wir nutzen unsere Kreativität und Energie, um die eigenen Vorstellungen zu verwirklichen. Wir engagieren uns im Rahmen unserer Möglichkeiten für die Ziele, die uns wichtig sind.

```
          ICH              DU

   ZU WENIG    ÄRGER-    ZU VIEL
               FREI
```

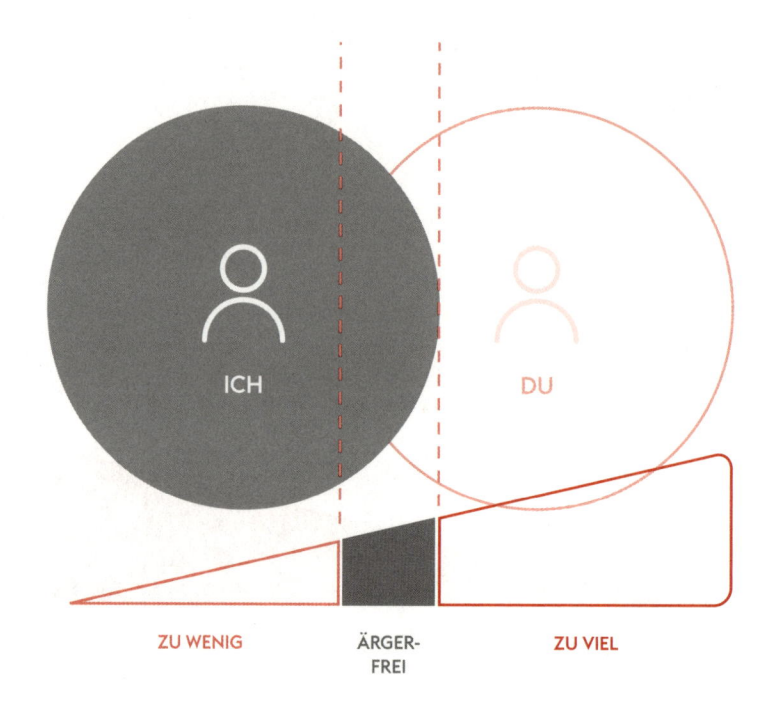

Wir sind mit uns selbst im Einklang und zufrieden mit unserem Einsatz. Wir engagieren uns nicht zu viel und nicht zu wenig, sondern agieren im ärger-freien Bereich. Alles ist in Bewegung, fließt, und es gibt keine Staus oder Blockaden. Wir sind gelassen, auch wenn die Themen, für die wir uns engagieren, immer wieder Anlass zum Ärgern liefern. Die Welt ist nicht perfekt, wir sind es auch nicht, aber wir unternehmen etwas, um unseren Ärger-Wunsch zu realisieren.

ÜBUNG

Nehmen Sie Ihren „grünen Bereich" bewusst wahr und vergrößern Sie ihn. Strecken Sie ihn und verkleinern dabei die Bereiche, in denen Sie sich zu wenig oder zu viel für Ihre Belange einsetzen. Finden Sie im grünen und ärger-freien Bereich Ihr Zuhause. Je mehr Sie Ihren grünen Bereich lieben, desto größer der Anreiz, dorthin zurückzukehren.

*

b) Die Zu-wenig-Position

Je weiter links wir auf der Skala stehen, desto weniger setzen wir uns aktiv für das Thema ein, das uns wichtig ist. Dass es wichtig ist, wissen wir, denn wir ärgern uns ja.

ICH   DU

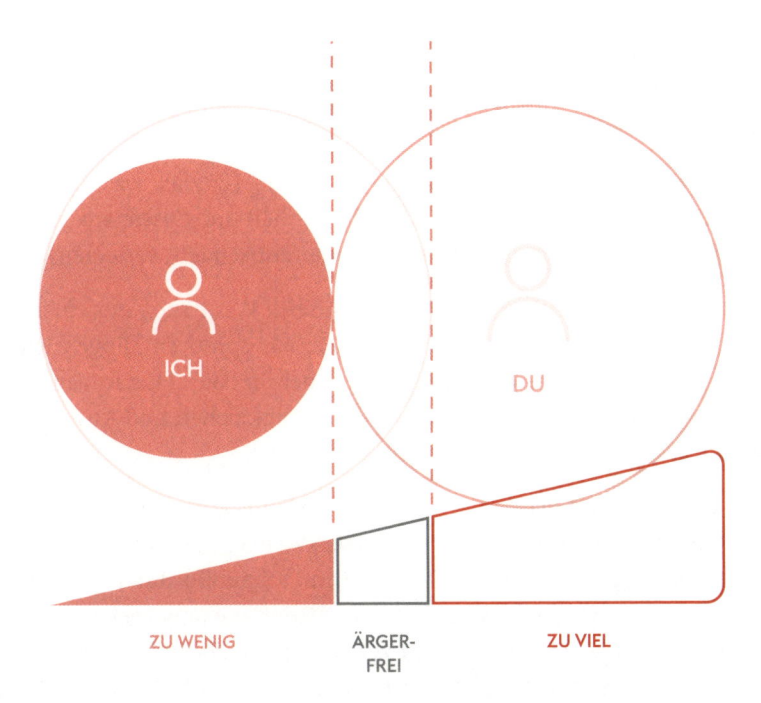

ZU WENIG   ÄRGER-FREI   ZU VIEL

Einige Ärger-Beispiele zur Zu-wenig-Position:

- *Der Nachbar verstopft die Mülltonnen*
  Mit dem Stroh des Hasenstalls wird die schwarze Tonne verstopft und die Verpackungen von den Online-Bestellungen füllen die blaue Tonne schon wenige Tage nach deren Leerung. Sie ärgern sich darüber, dass für den eigenen Müll dann kein Platz mehr ist. Was tun? Haben Sie Ihren Nachbarn darauf angesprochen? Weiß er, welches Müllverhalten Sie sich von der Hausgemeinschaft wünschen? Wenn nicht, dann tun Sie zu wenig.

- *Das Mitarbeitergespräch*
  Im routinemäßigen Mitarbeitergespräch bitten Sie Ihre Vorgesetzte um ein offenes und ehrliches Feedback, was sie als Vorgesetzte verbessern oder anders machen könnte, um hilfreicher zu sein. Sie haben ganz viele Ideen und Punkte, die Sie regelmäßig ärgern und die Sie immer schon mal ansprechen wollten. Hier ist die Gelegenheit. Sprechen Sie Ihre Punkte an? Wenn nicht, dann tun Sie zu wenig.

- *In der Bahn sitzt Ihnen ein junger Mann gegenüber und hört laut Musik*
  Wenn Sie sich über die laute Musik ärgern, machen Sie den jungen Mann darauf aufmerksam, dass Sie sich gestört fühlen? Oder halten Sie das aus und hoffen darauf, dass er bald aussteigt und das Problem sich von alleine löst? Hier könnten Sie mehr tun.

Wenn Sie sich über etwas ärgern und das, was Ihnen wichtig ist, nicht ansprechen, dann tun Sie nicht genug. Es ist zu wenig. Der Ärger weist darauf hin, dass Sie sich stärker für dieses Thema engagieren sollen.

Im Zu-wenig-Bereich stehen wir nicht genügend ein für das, was uns wichtig ist, bzw. handeln nicht danach. Es schafft Unzufriedenheit und Dissonanz, wenn wir die eigenen Wünsche nicht ernst genug nehmen oder konsequent verfolgen.

Anzeichen für eine Zu-wenig-Position könnten sein: Wir halten uns zurück; wir sagen nicht, was uns wichtig ist; wir werden still; wir sprechen Dinge nicht an; wir gehen Themen aus dem Weg; wir halten Unangenehmes aus. Hier finden sich die beliebten Ärger-Strategien Warten, Ausweichen, Zurückziehen und Aushalten wieder, die leider alle auf Dauer nicht sehr effektiv sind.

Die Folgen können gravierend sein. Sowohl für uns als auch für unsere Umgebung. Wenn wir uns zurücknehmen oder sogar zurückziehen, dann geben wir nicht alles, was wir als Person geben können. Das wird im Schaubild durch den reduzierten ICH-Bereich symbolisiert. Wir fahren im Berufsleben mit angezogener Handbremse oder laufen im Privatleben auf Zehenspitzen durch das Haus. Wir versagen unserer Umgebung und uns selbst die eigene Persönlichkeit mit all den tollen Dingen, zu denen wir fähig wären.

Warum tun wir zu wenig, um wieder in den ärger-freien Bereich zu kommen? Dafür gibt es unzählige sehr individuelle Gründe. Hier seien einige exemplarisch genannt:

Wir könnten Angst davor haben, „zu viel" zu machen und über die Stränge zu schlagen. Wir befürchten vielleicht, überheblich zu klingen, zu viel vom anderen zu verlangen, uns in *deinen Bereich* ungefragt einzumischen.

Oder wir wollen vermeiden, zu streng zu sein. Erziehungsthemen wie gesundes Essen, Hausaufgaben, geregelte Fernsehzeiten und Bettruhe können schon einmal unter einer „Zu-wenig-Politik" leiden. Sie erfordern Engagement und eine konsequente Vorgehensweise, und das über einen längeren Zeitraum. Sind wir bereit, Zeit und Energie in das Thema zu investieren? Ist es uns das wert und haben wir die Kraft? Halten wir den Widerstand des anderen und die ständigen Auseinandersetzungen aus?

Vielleicht haben wir auch Angst vor den Folgen der eigenen Stellungnahme. Was wird die Nachbarin sagen, was die Vorgesetzte, was der junge Mann in der Bahn? Wird es Nachteile in der Zukunft mit sich bringen, wird es die Beziehung belasten? Werden wir beruflich kaltgestellt und privat nicht mehr geliebt? Berechtigte Fragen und Ängste, die jeder nur für sich selbst beantworten kann. Denn jeder von uns hat einen anderen grünen Bereich.

Um sich aus der Zu-wenig-Situation zu befreien, müssen wir eine Entscheidung treffen:
- Den Ärger-Wunsch weiterverfolgen und sich stärker engagieren oder
- das geringe Engagement für den Ärger-Wunsch bewusst akzeptieren.

In beiden Fällen müssen wir zu unserer Entscheidung stehen und bereit sein, mit den damit verbundenen Konsequenzen zu leben. Dann können wir den Ärger loslassen.

ÜBUNG

Gibt es Ärger-Themen, bei denen Sie sich im Zu-wenig-Bereich befinden? Ich lade Sie ein, sich mit Ihrem Ärger-Thema, für das Sie sich zu wenig einsetzen, noch weiter nach links auf der Skala zu bewegen und sich gedanklich noch weniger zu engagieren. Wie fühlt sich das an? Wenn Sie den Drang verspüren, doch mehr zu machen, dann bewegen Sie sich auf der Skala weiter nach rechts und überlegen Sie, was Sie tun könnten. Wo könnten oder müssten Sie mehr machen? Wo auf das Gaspedal drücken oder aktiv werden? Schon kleine Maßnahmen können helfen.

Laufen Sie die Skala entlang und probieren Sie es aus. Wo fangen Sie an, sich zu entspannen? Oder ist der Ärger-Wunsch doch nicht so wichtig und Sie sind zufrieden mit Ihrem Einsatz zur Zielerreichung?

*

Im Zu-wenig-Bereich der Skala engagieren wir uns nicht ausreichend für unsere Ziele. Zur Ärger-Befreiung müssen wir uns entscheiden: stärker engagieren oder die eigene Zu-wenig-Position akzeptieren. Wenn wir keine Entscheidung treffen oder nicht zu ihr stehen, bleiben wir dort ewig im Ärger gefangen.

c) Die Zu-viel-Position

Wir können uns zu wenig einsetzen, aber auch zu viel. Wenn wir unsere Ziele zu ernst nehmen, sie zu vehement verfolgen, zu viel Druck aufbauen, dann nehmen wir unsere Ziele zu wichtig. Dies wird auf der Skala durch den roten Bereich symbolisiert.

ZU WENIG   ÄRGER-   ZU VIEL
           FREI

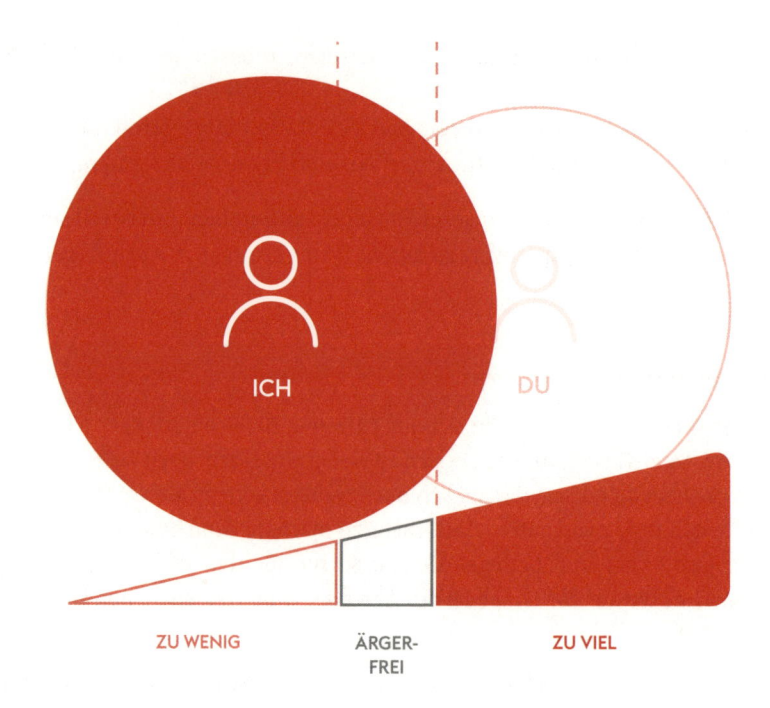

Das Gefährliche am roten Bereich ist, dass wir zwar etwas Positives erreichen möchten, aber darüber das Maß verlieren können. Wir verfolgen in der Regel ehrenwerte Ziele und möchten das eigene Leben oder das der Gemeinschaft verbessern. Etwas Positives kann man doch nicht zu weit treiben! Doch, das geht. Auch Gutes kann man übertreiben. Das können wichtige und berechtigte Themen sein wie Klimaschutz, gesundes Essen, Fitness, Bringschuld oder Holschuld am Arbeitsplatz oder Mitbestimmung. Man kann alles überziehen und mit seinem Thema übergriffig werden.

Auch die eigenen Werte kann man zu wichtig nehmen. Wenn uns gegenseitige Rücksichtnahme und Respekt wichtig sind und wir bei einer Verletzung unserer Werte anfangen, Druck auf unser Umfeld auszuüben, dann nehmen wir unsere Werte zu weit. Vielleicht werden wir sogar rücksichtslos und respektlos. Aus der positiven Energie wird eine zerstörerische Kraft. Im roten Bereich breiten wir uns mit unserem Thema aus, in der obigen Abbildung durch den übergroßen roten ICH-Bereich dargestellt, und dringen damit in den Bereich des anderen ein.

Ich glaube, wir alle wissen, wie sich das anfühlt, wenn wir Themen zu ernst nehmen. Es ist unglaublich anstrengend, gegen gefühlte Ignoranz oder Widerstand anzukämpfen. Im roten Bereich können wir uns einsam, überfordert, angespannt und ausgelaugt fühlen. Aber wir geben nicht auf und können mit unserem Engagement zu einer Belastung für die Menschen um uns herum werden. Wir werden zu einer Person, die wir vielleicht nicht sein möchten. Für andere ist das zu viel und für uns selbst unbefriedigend. Der rote Bereich tut uns, den anderen und unserem Ärger-Wunsch nicht gut.

Warum treiben wir die Dinge zu weit, wenn es uns und anderen nicht guttut? Auch hier gibt es unzählige individuelle Gründe. Eine Ursache, die ich oft beobachten konnte, ist die Angst vor dem „Zu-Wenig". Weil uns gesunde Ernährung so wichtig ist, gibt es lieber zu viel grünes Gemüse als zu wenig. Und keine Süßigkeiten. Niemals. Schokolade auch nicht. Wir haben Angst, unsere Kinder zu wenig zu fördern, also fördern wir lieber zu viel. Wir befürchten, unsere Präsentation könnte nicht reichen, also legen wir lieber noch einmal ein paar Folien nach. Wir machen zu viel, um zu wenig zu vermeiden. Wir wollen unser Ziel nicht verraten.

Das Bewusstsein für den roten Bereich kann uns helfen, die eigene Position zu reflektieren und zurück in den grünen und somit ärger-freien Bereich zu finden. Für jeden ist dieser grüne Bereich anders. Das richtige Maß muss jeder für sich bestimmen.

ÜBUNG

Haben Sie ein Ärger-Thema, bei dem Sie das Gefühl haben, dass Sie es zu ernst nehmen? Wie fühlt sich das an? Woran erkennen Sie das?

Ich lade Sie ein, mit Ihrem Ärger-Thema tiefer in den roten Bereich zu gehen, bis es unerträglich wird. Was muss hier passieren, damit Sie ein paar Schritte nach links gehen können? Was müssen Sie vielleicht loslassen? Was müssen Sie annehmen? Wo könnte man den Fuß vom Gaspedal nehmen? Wo wäre weniger besser?

Lassen Sie die Zügel los, machen Sie weniger, bis Sie wieder im grünen Bereich angekommen sind. Ärger-frei und gelassen.

*

Im Zu-viel-Bereich der Skala nehmen wir unser Ziel, das hinter dem Ärger liegt, zu wichtig. Weniger ist hier mehr. Was müssen wir loslassen, was annehmen? Was könnten wir anders machen? Solange wir nicht bereit sind, die Intensität unserer Zielverfolgung zu verändern und den roten Bereich zu verlassen, sitzen wir dort im Ärger fest.

5.3 Der Urteilsknopf

Wir machen alles richtig: lassen alles los, was nicht in unseren Bereich fällt (Ärger-Filter), kennen unsere Ziele hinter dem Ärger (Ärger-Wunsch), sehen das ICH und das DU (Haken # 1) und verfolgen unsere Ziele ärger-frei und gelassen im grünen Bereich (Haken # 2). Super! Wieso sollten wir uns jetzt noch ärgern?

Ein riesengroßes Ärger-Feld liegt in unserer Unart, über andere und auch uns selbst zu urteilen. Unbewusst nehmen wir den ganzen Tag wahr, was um uns herum geschieht: Der Nachbar hat das Licht angelassen, der Autofahrer fährt zu schnell, der Kollege verlässt das Büro um 15 Uhr, die Kollegin trägt eine grüne Hose. Dies sind banale Alltagsbeobachtungen, die wir mit einem Urteil versehen können oder nicht. Wie in Abschnitt 1.5 zur eigenen Wahl beschrieben, sehen wir einen potenziellen Ärger-Anlass, schenken ihm unsere Aufmerksamkeit und messen ihm eine Bedeutung zu. An dieser Stelle erscheint der Urteilsknopf, den wir entweder drücken können oder nicht. Wir haben auch hier die Wahl.

Wenn wir den Urteilsknopf *nicht* drücken, bleibt es bei der Beschreibung von beobachteten Tatsachen. Wir lassen die Dinge so stehen, wie sie sind, und ärgern uns nicht.

Drücken wir den Urteilsknopf, dann bewerten wir die Beobachtungen und fällen ein Urteil. Beispielsweise könnten wir urteilen: „Das Licht anzulassen ist eine Energieverschwendung; zu schnell zu fahren ist nicht erlaubt; wer so früh das Büro verlässt, hat wohl nichts zu tun; wie kann man nur so eine grüne Hose tragen, wie geschmacklos."

Wir bewerten und urteilen und ärgern uns. Wir ärgern uns, wenn wir urteilen, weil die Welt nicht so ist, wie wir sie sehen oder haben wollen. Auch hier ist ein Ärger-Wunsch nicht erfüllt. Als Urteilsmaßstab können wir beliebig viele Kriterien heranziehen: die eigene Meinung, die Meinung anderer, Werte, Glaubenssätze, Vorschriften, Gesetze usw. Wir beschuldigen uns oder andere oder rechtfertigen.

Wir urteilen über unsere Arbeitskollegen, Vorgesetzten, Partner, Familienmitglieder, Kinder, Freunde, Nachbarn, Passanten und über Gott und die Welt. Uns fällt in der Regel gar nicht auf, dass wir urteilen.

Oft höre ich in dem Zusammenhang, dass man seine Meinung doch wohl noch äußern dürfe. Ja klar, unbedingt. Urteilen und die eigene Meinung sagen sind aber zwei grundverschiedene Dinge. Wir können eine eigene Meinung entwickeln und diese äußern – ohne Urteil und ärger-frei oder mit Urteil und verärgert. Bezogen auf die Verhaltensweisen haben wir die Alternative, anstelle des Beschuldigens im Ärger-Modus das Informieren und Erklären aus der Gelassenheit zu wählen.

Hier als Übungsbeispiel einige Beobachtungen bzw. Tatsachen, die wir mit einem Urteil versehen können oder nicht:
- Der Bericht hätte gestern schon rausgehen müssen.
- Ich habe noch keine Informationen erhalten.
- Die Entscheidung geht am Thema vorbei.
- Der hat zu dicht an dem anderen Auto geparkt.
- Die hat mir die Vorfahrt genommen.
- Da haben sich die Handwerker nicht abgestimmt.
- Sie haben die Karte verkehrtherum hineingesteckt.
- Das Essen ist versalzen.
- Dein Zimmer ist nicht aufgeräumt.
- Der Rasen ist nicht gemäht.

Wenn wir urteilen, dann verschlucken wir oft einen Halbsatz, den wir innerlich formuliert haben und mit dem wir urteilen oder korrigieren:
- Der Bericht hätte gestern schon rausgehen müssen, … diese Arbeitshaltung ist nicht akzeptabel.
- Ich habe noch keine Informationen erhalten, … dabei habe ich schon dreimal angefragt.
- Sie haben die Karte verkehrtherum hineingesteckt, … wie kann man nur so doof sein.
- Usw.

ÜBUNG

Lesen Sie diese Sätze einmal mit Urteil (gerne stark übertrieben!) und dann ohne. Wenn wir nicht urteilen, dann verschwindet auch der innere Halbsatz, und wir können den Satz einfach so stehen lassen ohne das innere Bedürfnis, noch etwas dazu sagen zu wollen. Probieren Sie es aus. Wenn es ohne Urteil nicht auf Anhieb gelingt, dann lesen Sie die Sätze wieder und wieder, bis auch das letzte Fünkchen Urteil aus allen Sätzen verschwunden ist. Wie fühlt sich das an? Verändert sich etwas?

Ich lade Sie ein, einen ganzen Tag lang den Urteilsknopf rauszunehmen und alles einfach nur zu beobachten. Dabei spielt es keine Rolle, ob Sie die Dinge anders sehen oder ob sie faktisch richtig oder falsch sind.

*

Wenn wir urteilen, dann ist gemessen an unserem Maßstab der eine der Gewinner und der andere der Verlierer. Der eine macht es richtig, der andere falsch. Wenn wir den Urteilsknopf drücken, dann fühlen wir uns der anderen Person entweder überlegen oder unterlegen.

a) Wir urteilen und fühlen uns überlegen

Ein möglicher Ärger-Anlass kann entstehen, wenn andere nicht das tun, was unseren Vorstellungen entspricht (Ärger-Wunsch), und wir uns ihnen überlegen fühlen. In dem Moment verlassen wir die Ebene der gleichwertigen ICH/DU-Beziehung, stellen uns über andere und blicken bildlich gesprochen auf sie herab.

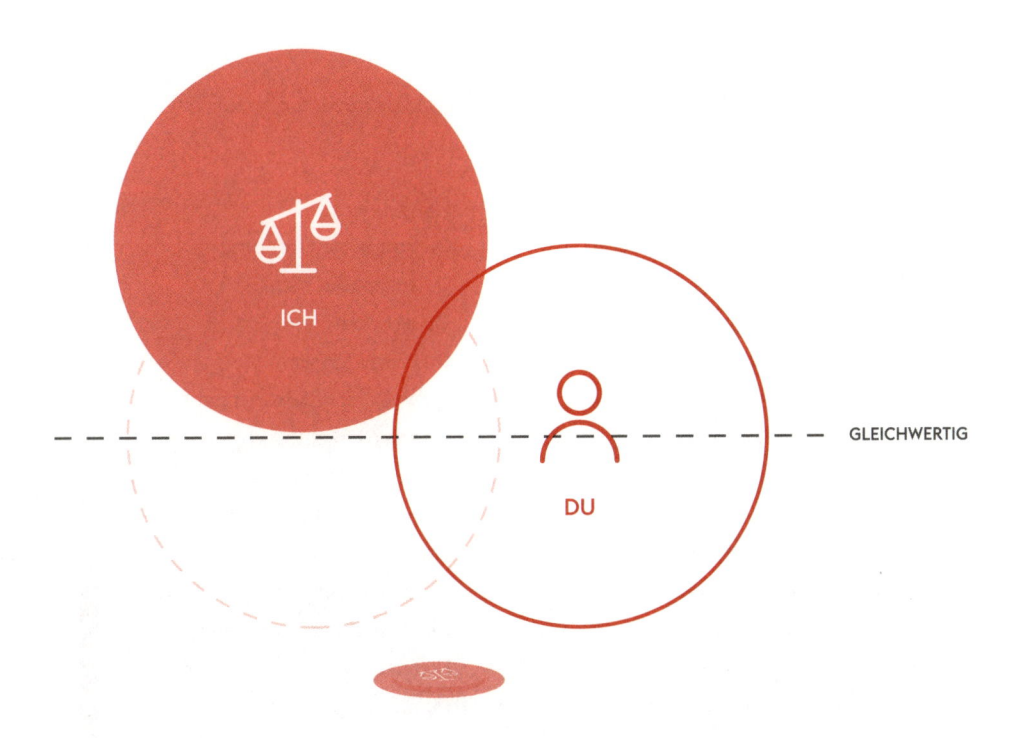

Beliebte Kriterien, anhand derer wir ein Urteil fällen und uns über andere stellen, sind u. a. unsere Fähigkeiten, Bildung, Titel, Beruf, Position, Zuständigkeiten, Befugnisse, Herkunft, Religion, Hautfarbe, Geschlecht, Alter, Erfahrung, Aussehen, Finanzen, Erfolg und sämtliche Statussymbole.

Wenn wir uns überlegen fühlen, dann haben wir in der ICH-und-DU-Beziehung eine bestimmte Sichtweise auf uns und auf die andere Person. Manchmal denken wir in der Ich-Form: „Ich weiß das ja alles", manchmal in der Du-Form: „Du weißt das nicht". Wir verurteilen wieder innerlich mit einem Halbsatz die jeweils andere Position: „Ich kann das, du nicht. Du bist zu doof dazu." Oder umgekehrt: „Du kannst das nicht, aber ich natürlich schon."

Hier einige Beispiele, welche Gedanken uns durch den Kopf gehen können, wenn wir urteilen und uns anderen überlegen fühlen:

Gängige Gedanken, wenn wir urteilen und uns *überlegen* fühlen

Überlegen

ICH	DU
Ich habe mehr Erfahrung	Du hast keine Erfahrung
Ich kann das	Du kannst das nicht
Ich bin schlau	Du bist doof
Ich erledige das schneller	Du bist zu langsam
Ich weiß, wie das geht	Du weißt nicht, wie das geht
Ich bin zuständig	Du bist nicht zuständig
Ich bin Ihnen vorgesetzt	Sie sind mein Mitarbeiter
Ich bin der Lehrer / Erzieher	Du bist der Schüler / das Kind
Ich habe einen Plan	Sie haben keinen Plan
Ich weiß, was das Beste für Sie ist	Sie wissen nicht, was gut für Sie ist
Ich lebe meine Werte	Sie missachten meine Werte
Ich habe recht	Du hast unrecht
Ich mache das richtig	Du machst das falsch

Diese Aussagen können alle zutreffen. Oder auch nicht. Wenn wir urteilen, spielt es keine Rolle, ob wir tatsächlich überlegen sind. Wir alle kennen Menschen, die sich überlegen fühlen und entsprechend verhalten, obwohl sie es faktisch nicht sind. Hier geht es darum, dass man sich im Vergleich zur anderen Partei überlegen fühlt oder als überlegen ansieht. Wir verurteilen den anderen dafür, dass er nicht das tut oder so ist, wie es unseren Vorstellungen entspricht. Wir ärgern uns. Hier kommt die Ärger-Strategie des Korrigierens und Veränderns ins Spiel. Wir halten uns für schlauer, besser, erfahrener, geeigneter, tugendhafter, zuständig, und daher soll der andere den Ärger-Anlass abstellen und sich verändern. Wir korrigieren.

Eine beliebte Ärger-Falle ist die Idee, wir hätten einen Plan und wüssten, was das Beste für den anderen sei. Den Plan haben wir nicht nur für uns, sondern insbesondere auch für unsere Partner, Kinder, Eltern, Kollegen, das Unternehmen, die Nachbarn, die Freunde und die Gesellschaft. Die Versuchung ist groß, dass wir diesen Plan nehmen, uns damit über die anderen stellen und versuchen ihn durchzusetzen. In der Annahme und dem Urteil, was wir wollen sei das Richtige oder Beste für den anderen. Wir regeln den Verkehr, korrigieren die Erziehungsbemühungen anderer Eltern und wissen, was für uns und alle anderen das Beste ist. Wir sind in einem

Lehrauftrag und Erziehungsauftrag zum Wohle der Gesellschaft unterwegs. Wir sind gute Menschen und wollen das Beste für andere. Mit diesen guten Absichten erheben wir uns über sie und greifen in *deinen* Bereich ein. Wir werden übergriffig.

Wenn wir uns überlegen fühlen und über andere urteilen, dann kann es passieren, dass wir an Ärger-Anlässen festhalten, die den Ärger-Filter nicht passiert haben, weil sie zum Beispiel *extern gegeben* sind. Eigentlich müssten wir diese Ärger-Anlässe loslassen, weil wir extern Gegebenes (kurzfristig) nicht ändern können und Ärgern sinnlos ist. Durch unser Urteil halten wir aber am Ärger-Anlass fest:

- Das neue Tempolimit bringt nichts.
- Das Gebäude ist hässlich.
- Das IT-System braucht kein Mensch.
- Die Datenschutzverordnung schränkt uns ein.

Ja, vielleicht ist das alles so. Ich kann das als Tatsache urteilsfrei formulieren oder urteilen und mich immer wieder darüber ärgern.

Genauso urteilen wir aus einer Überlegenheitsidee heraus und lassen vielleicht Ärger-Anlässe nicht los, die allein *deinen* Bereich betreffen:

- Du fährst immer mit dem Auto.
- Du fährst einen SUV.
- Die muss ihren Müll trennen, der seinen Rasen mähen.
- Der Partner ist zu dick, zu dünn, zu laut, zu leise.
- Der Kollege arbeitet nicht effizient, nicht verlässlich, sollte das lieber so oder so machen.
- Die Vorgesetzten nehmen ihre Führungsaufgaben nicht richtig wahr. Korrektes Führen bedeutet dieses und jenes.

Wir haben die Weisheit mit Löffeln gegessen und wissen, was für alle das Beste ist und wie die Dinge sein sollten. Wir hängen am Ärger-Haken fest. Wir korrigieren, verbessern und erziehen. Der Haken ist der Urteilsknopf. Wir urteilen. Wir sind die Richter und versuchen, die Dinge im wahrsten Sinne des Wortes zu richten.

Wie fühlt sich das an, ständig zu korrigieren? Wie ist es, im Bereich des anderen unterwegs zu sein? Wie viel Zeit und Kraft kostet das? Woher kommt der Auftrag, andere Menschen zu erziehen? Wer hat uns zum Richter über andere gemacht? Hat uns jemand das Recht gegeben, uns in den Bereich anderer einzumischen? Was ist, wenn unsere Vorstellungen und unser Plan nicht das Beste für sie sind? Was ist, wenn wir uns irren? Darf der andere das anders sehen? Darf er das anders machen?

Wir können dem anderen faktisch überlegen sein und dabei nicht urteilen. Wir können tatsächlich einen Erziehungsauftrag haben und nicht urteilen. Wir können faktisch im Recht sein und nicht urteilen. Wenn wir nicht urteilen, auch wenn wir überlegen sein sollten, dann bleiben wir in der ICH / DU-Beziehung auf einer Ebene. Wir sind gleichwertig. Dann ist eine Meinung genauso viel wert wie die andere, unabhängig davon, wer mehr Erfahrung oder eine höhere Position hat oder letztendlich entscheiden darf. Wenn der Urteilsknopf ausgeschaltet ist, dann begegnen wir einander auf Augenhöhe. Überlegen oder nicht. Wir sind verschieden und doch gleichwertig. Wir sind auf Augenhöhe verbunden und im Austausch.

ÜBUNG

Was verändert sich, wenn Sie über extern Gegebenes und über deinen Bereich nicht mehr urteilen? Was passiert, wenn Sie andere Meinungen und Handlungsweisen neben der eigenen Meinung zulassen?

Vergeben Sie Gutscheine: Heute darf der andere weniger wissen, weniger Erfahrung haben, falsche Entscheidungen treffen, suboptimal handeln, zu spät liefern, zu schnell fahren, eine inkompetente Führungskraft oder ein unfähiger Kollege sein. Alles ist heute erlaubt und okay. Verteilen Sie Gutscheine und nehmen Sie Urlaub von der selbst auferlegten Urteilspflicht. Heute brauchen Sie nicht zu richten.

Wie lebt es sich ohne das Urteilen? Was ist jetzt möglich?

*

In dem Moment, in dem wir den Urteilsknopf rausnehmen und andere als gleichwertig sehen, befreien wir uns selbst vom Ärger. Wir akzeptieren extern *Gegebenes* und mischen uns nicht in *deinen* Bereich ein. Der Kollege darf um 15 Uhr das Büro verlassen, und die Kollegin darf die grüne Hose tragen. Weigern wir uns, uns auf die gleiche Ebene mit anderen zu stellen, dann bleiben wir im Ärger stecken. Wenn wir andere nicht so sein lassen, wie sie sind, dann werden wir uns nicht befreien können.

b) Wir urteilen und fühlen uns unterlegen

Eine andere Form des Urteilens besteht darin, sich selbst im Vergleich mit anderen als unterlegen anzusehen und sich dafür zu verurteilen. Wir ärgern uns über uns selbst, weil wir den eigenen Ansprüchen nicht gerecht werden oder irgendwelchen anderen Maßstäben, die wir meinen anlegen zu müssen. Auch hier verlassen wir die Ebene der gleichwertigen Ich / DU-Beziehung und stellen uns bildlich gesehen unter den anderen. Als wären wir nicht genauso viel wert wie er.

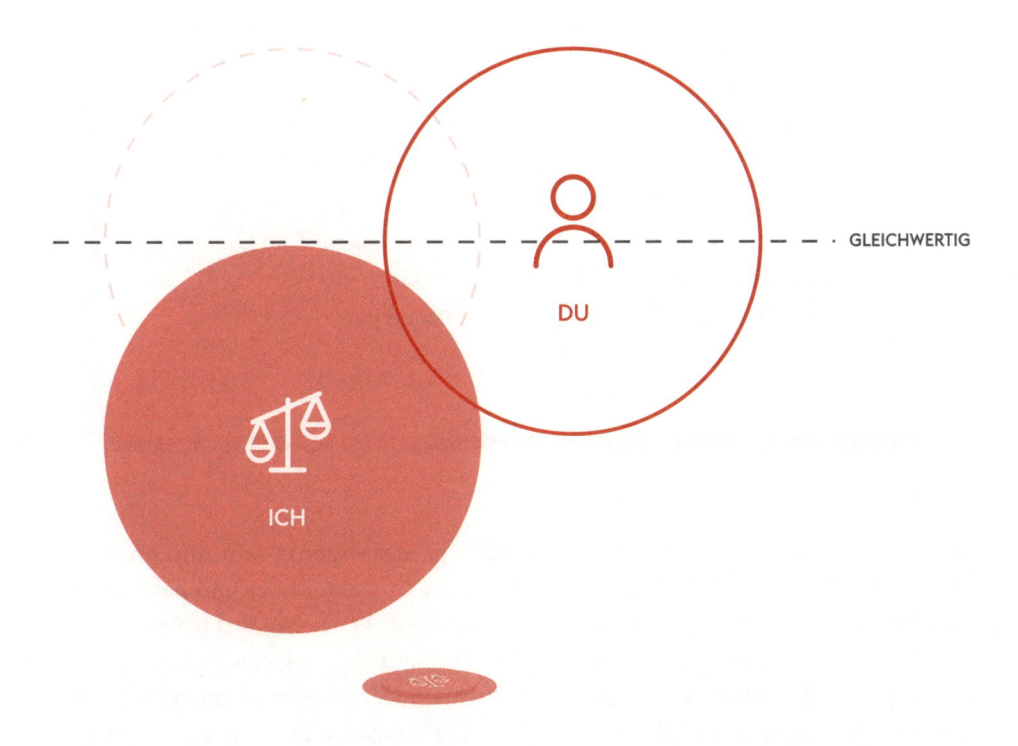

DU — GLEICHWERTIG

ICH

Dabei geht es nicht darum, ob wir faktisch in einer Sache unterlegen sind, sondern ob wir das von uns glauben. Kennen Sie Menschen, die meinen, sie wären nicht gut genug, dabei sind sie nachweislich total erfolgreich?

Wenn wir uns unterlegen fühlen, dann urteilen wir vielleicht anhand folgender Gedanken und Maßstäbe:

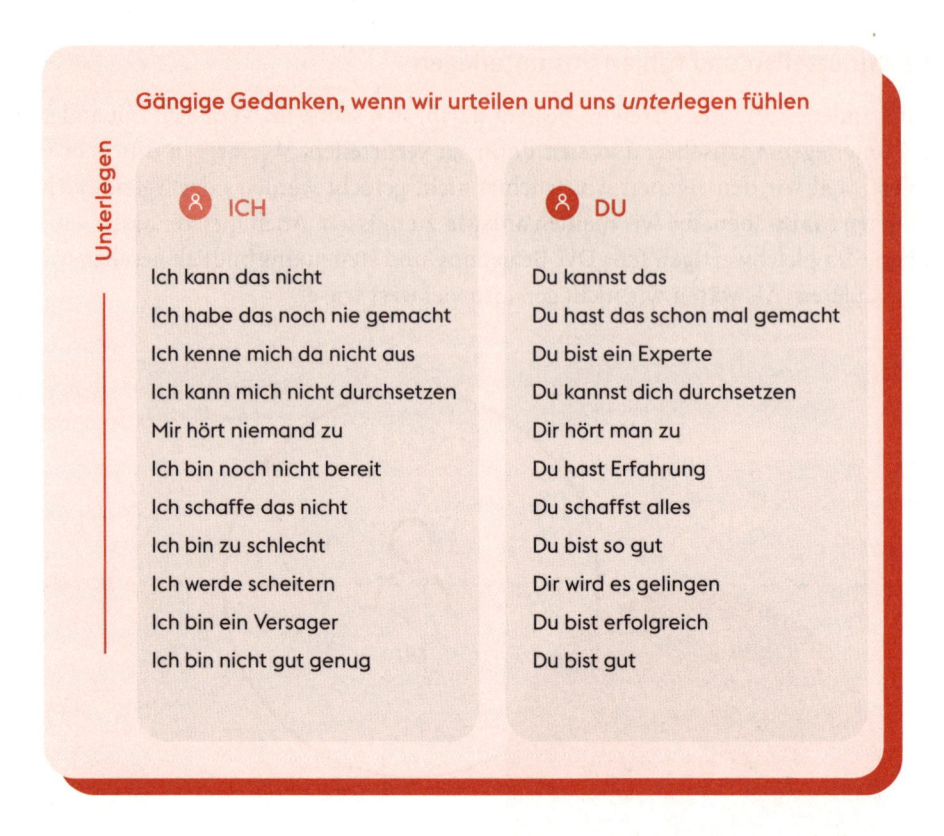

Gängige Gedanken, wenn wir urteilen und uns *unter*legen fühlen

Unterlegen

ICH	DU
Ich kann das nicht	Du kannst das
Ich habe das noch nie gemacht	Du hast das schon mal gemacht
Ich kenne mich da nicht aus	Du bist ein Experte
Ich kann mich nicht durchsetzen	Du kannst dich durchsetzen
Mir hört niemand zu	Dir hört man zu
Ich bin noch nicht bereit	Du hast Erfahrung
Ich schaffe das nicht	Du schaffst alles
Ich bin zu schlecht	Du bist so gut
Ich werde scheitern	Dir wird es gelingen
Ich bin ein Versager	Du bist erfolgreich
Ich bin nicht gut genug	Du bist gut

Wir können uns unterlegen fühlen und dabei ganz entspannt sein und uns nicht ärgern. Wir kennen unsere Schwächen, akzeptieren unsere Fehler und nehmen unsere Misserfolge an. Nicht schön, aber es ist, wie es ist. Wir sehen uns trotz der Fehlschläge und Unzulänglichkeiten als gleichwertig und sind gelassen. Wenn wir uns unterlegen fühlen, ob zu Recht oder zu Unrecht, und sind wir *nicht* entspannt, dann verurteilen wir uns selbst. Wir möchten, dass wir Dinge anders machen oder anders sind. Wir ärgern uns über uns selbst. Wir entsprechen nicht den eigenen Vorstellungen oder Maßstäben. Wir korrigieren uns selbst und wollen uns anders haben.

Dies ist ein kleiner Ausflug in die ICH/ICH-Beziehung. Wenn wir uns verurteilen, weil wir nicht den eigenen Vorstellungen entsprechen, dann akzeptieren wir uns nicht so, wie wir sind. Wir nehmen uns nicht so an, wie wir sind. Auch hier haben wir die Wahl: Entweder wir arbeiten an uns, um unseren Vorstellungen über uns selbst näher zu kommen, oder wir akzeptieren uns so, wie wir sind. In beiden Fällen können wir das Urteilen loslassen und damit aus dem eigenen Ärger aussteigen.

ÜBUNG

Gibt es eine Situation, in der Sie sich über sich selbst ärgern und glauben, anderen nicht das Wasser reichen zu können? Was denken Sie in dieser Situation über sich und was glauben Sie, über den anderen zu wissen? Was wissen Sie über sich selbst und das, was Sie können? Wie würden Sie sich sehen, wenn Sie nicht über sich urteilen würden? Welche Unterschiede sind für Sie okay und an welchen Eigenschaften würden Sie gerne arbeiten?

Ich lade Sie ein, eine Woche lang mit sich selbst zufrieden zu sein. Mit allen Dingen, die Sie tun, auch wenn Sie es besser hätten machen können. Sie parken schlecht ein, liefern zu spät, scheitern an der Technik, vergessen wichtige Termine oder können Versprechen nicht halten. Erlauben Sie sich, Fehler zu machen und nicht perfekt zu sein, ohne sich zu verurteilen. Verteilen Sie Gutscheine an sich selbst nach dem Motto: Ich darf das, das kann mal passieren, das ist okay! Wie fühlt sich das an?

*

c) Fazit des Urteilsknopfs

Wir alle haben verschiedene Meinungen und agieren unterschiedlich. Gar kein Thema. Jeder Jeck ist anders. Wenn wir allerdings zusätzlich über uns und andere urteilen und uns ärgern, dann steht der Urteilsknopf unserer Ärger-Freiheit im Weg.

Ich erlebe den Urteilsknopf als einen Hauptgrund für den Fall, dass wir *extern Gegebenes* oder etwas, was klar in *deinen* Bereich gehört, nicht loslassen können. Laut Ärger-Filter haben wir weder mit *extern Gegebenem* noch mit *deinem* Bereich etwas zu tun. Wenn wir aber nicht loslassen, dann ist da noch etwas, von dem wir glauben, dass es mit uns zu tun hat. Und das ist häufig unsere Annahme oder von mir aus auch Tatsache, dass wir die Dinge richtig sehen und der andere nicht. ICH richtig, DU falsch. Vielleicht glauben wir zusätzlich, dass wir dem anderen überlegen sind und uns daher in *extern Gegebenes* und *deinen* Bereich einmischen dürfen oder sogar müssen. Wenn wir Externes und den Bereich des anderen nicht loslassen, dann meinen wir zu wissen, wie es geht und wie es sein muss. Wir haben den richtigen Plan.

Ein einfaches Beispiel zu einem *extern gegebenen* unscheinbaren Ärger-Anlass, den ich über Monate partout nicht loslassen wollte. Ich blicke von meiner Terrasse auf ein kürzlich fertiggestelltes Gebäude, das ich abgrundtief hässlich finde. Jeden Tag schaute ich auf dieses Gebäude und dachte daran, wie man einen Neubau nur so verschandeln kann, wer da Inkompetentes am Werk gewesen sein muss und was man Schönes daraus hätte machen können. Ich urteilte und stellte mich über die mir unbekannten Bauherrn und Architekten: ICH richtig, DU falsch, ich habe einen Plan, ich weiß, wie das geht, ich weiß, was schön ist – du nicht. Hm, pratice, what you preach! Der Weg aus meinem Ärger bestand darin, meine Position der eingebildeten Überlegenheit loszulassen und ein Gebäude zuzulassen und anzunehmen, das meiner eigenen Wunschvorstellung zuwiderläuft. Ich finde das Gebäude nach wie vor hässlich, kann es aber bei der Feststellung belassen und mich entspannen. Der urteilende Halbsatz in meinem Kopf bildet sich nicht mehr. Ich habe mich von meinem Ärger befreit, indem ich meinen Enterhaken zurückgenommen habe, mit dem ich mich an dem Gebäude festgekrallt hatte.

ÜBUNG

Schauen Sie auf Ihre Liste der Ärger-Anlässe und auf die Ärger-Themen, die eindeutig extern gegeben sind oder in den Bereich des anderen fallen. Können Sie loslassen oder bleibt noch ein wenig Ärger? Falls noch etwas Ärger zu spüren ist, kann es sein, dass Sie glauben, Sie wüssten, was richtig und zu tun sei? Vielleicht wissen Sie es auch. Ist Ihre Meinung zu 100 Prozent korrekt? Was ist, wenn sie nur zu 95 Prozent zutrifft? Oder zu 51 Prozent?

Manchmal haben wir den Urteilsknopf bei bestimmten Personen oder Themen bereits vor Jahren gedrückt und sitzen in unserer Ärger-Position fest. Das Gute ist, wir können jeden Tag neu entscheiden, Dinge anders zu machen. Wir können auch noch nach Jahren entscheiden, den Urteilsknopf rauszunehmen, und uns und andere befreien. Und das einseitig, ohne dass wir die Mitwirkung des anderen dafür benötigen.

Nehmen Sie den Urteilsknopf raus. Welche Ärger-Anlässe fallen jetzt weg? Wo lassen Sie extern Gegebenes los, und wo ziehen Sie sich aus *deinem* Bereich zurück?

Sie können das urteilsfreie Leben und Arbeiten täglich ganz einfach üben, indem Sie alles beschreiben, was um Sie herum vorgeht, ohne es zu bewerten und zu verurteilen. Der Junge kleckert gerade auf seine Hose, der alte Mann geht mit einer viel jüngeren Dame aus, das Mädchen hat ihren Müll liegen lassen, der hat mir gerade die Vorfahrt genommen etc. Üben Sie so lange, bis Sie urteilsfrei beschreiben können und die urteilenden Halbsätze und Gedanken wegfallen.

Je häufiger es Ihnen gelingt, den Urteilsknopf rauszunehmen, desto schneller nimmt das Bedürfnis ab, ihn zu drücken. Wenn wir weniger urteilen, dann stellen wir uns auch seltener über oder unter andere und sehen und behandeln einander als gleichwertig.

*

Solange wir den Urteilsknopf drücken oder gedrückt halten, werden wir aus keinem Ärger-Anlass aussteigen. Weder aus *extern gegebenen* Themen noch aus *deinem* Bereich oder *meinem* Bereich. Wir sitzen im Ärger fest. Der Weg aus dem Ärger bedeutet, den Urteilsknopf rauszunehmen und andere Ansichten und Lebensweisen zuzulassen. Wir müssen die Enterhaken lösen, mit denen wir uns an *extern* Gegebenes und *deinen* Bereich festgekrallt haben. Dann befreien wir uns und andere.

5.4 Die Kontoführung

Wir urteilen nicht mehr, lassen *extern gegebene* Ärger-Anlässe los und solche, die in *deinen* Bereich fallen, kennen unsere ICH-Position und sehen die Vorstellungen des anderen und nehmen unsere Ziele nicht zu wichtig. Perfekt. Jetzt ist alles gut und wir brauchen uns nicht mehr zu ärgern.

Ja, wenn da nicht all die Dinge wären, die wir so gerne hätten. Und zwar von den anderen. Ich nenne es auch einfach nur den HABEN-HABEN-HABEN-Haken. Wie das trotzige Kind vor der Supermarktkasse, das die ausgestellten Süßigkeiten sieht und mit dem Fuß aufstampft: Ich will aber HABEN.

HABEN möchten wir vielleicht vieles: sechs Richtige im Lotto, ein Ferienhaus an der Riviera, eine Jacht, die Traumfrau oder den Traummann oder einfach nur einen Ferrari. Der HABEN-Wunsch, der uns ärgert, ist der, von dem wir glauben, dass er uns zusteht. Und da kommt die Kontoführung ins Spiel.

Ich habe mich jahrelang abgemüht, jetzt bin ich an der Reihe. Ich habe immer Rücksicht auf andere genommen, jetzt wird Rücksicht auf mich genommen. Ich bin hier Kunde, also sollte man mich entsprechend bedienen. Ich habe die Freunde schon viermal zum Essen eingeladen, jetzt dürfen die sich mal rühren.

Wir unterscheiden uns vielleicht in der Art der Kontoführung, aber kennen tun wir sie bestimmt alle. Der eine führt akribisch Buch und hält jede Kleinigkeit nach. Gedanklich oder schriftlich. Der andere wirkt großzügig bei Materiellem, speichert dafür Verhaltensweisen und Handlungen über Jahre ab. Ich habe mir erzählen lassen, dass Reisegefährten aufgeschrieben haben, wie viel Löffel jeder aus der Marmelade genommen hat, um diese am Ende des Urlaubs abzurechnen. Insgeheim und vielleicht unbewusst führen wir alle unsere Listen. Die Themen können groß sein oder so klein wie die Löffel Marmelade. Was haben wir investiert, was der andere? Wo haben wir uns Mühe gegeben, wo der andere?

Wenn wir anfangen, uns zu ärgern, dann wird die Kontoführung aus Ärger-Sicht interessant. Wir ärgern uns, wenn aus unserer Sicht ein Konto nicht ausgeglichen ist. Der andere muss quasi seinen Teil der Gleichung noch erfüllen, muss liefern, zahlen und seine Schulden begleichen. Die andere Person steht in unserer Schuld. Sie schuldet uns etwas. Wir dagegen haben unseren Teil bereits erfüllt.

Was uns unserer Ansicht nach zusteht und andere beibringen oder erfüllen müssen, ist schier unbegrenzt: Sie schulden uns Geld, Respekt, Wertschätzung, Aufmerksamkeit, Zeit, Liebe, Zuneigung, Zärtlichkeit, eine Beförderung, einen Job, einen Bonus, Verständnis, Dankbarkeit, Gehorsam, Vergebung, eine Entschuldigung, Hilfe, Unterstützung, Freiraum. Das steht uns alles zu und noch viel mehr. Und das haben wir uns verdient. Womit wir es verdient haben, können wir auf unserem Konto im „Soll" nachschauen. Da steht die Begründung für den erhobenen Anspruch. Links steht, was wir alles getan haben, und rechts steht, was der andere getan hat oder noch tun müsste.

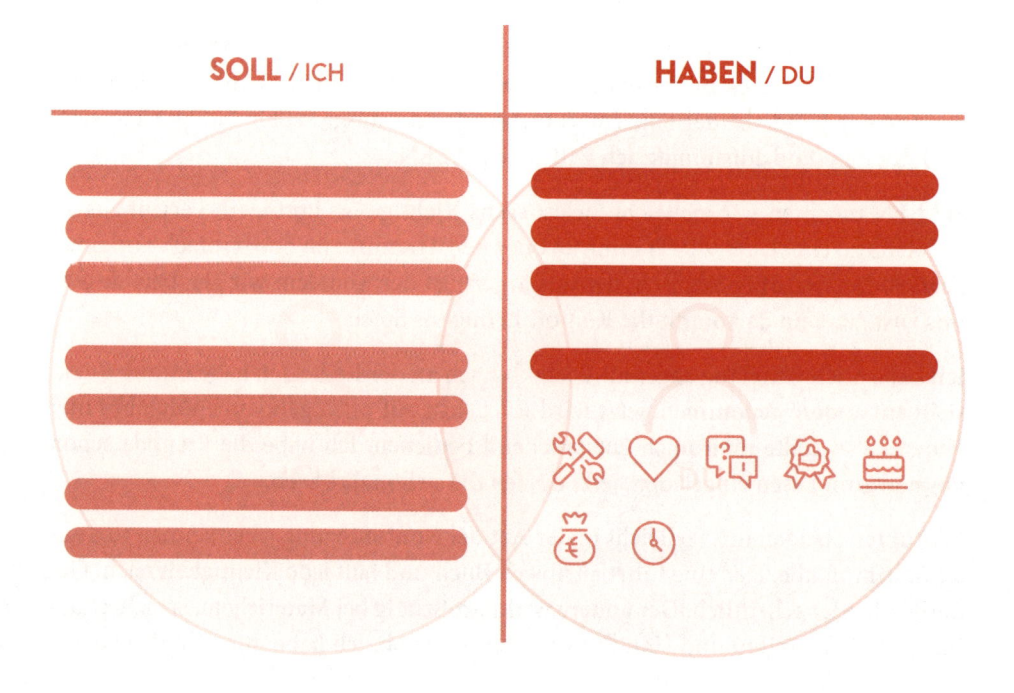

SOLL / ICH   **HABEN** / DU

Ich kann verlangen, dass meine Eltern in den Sommerferien eine Woche lang auf meine Kinder aufpassen, während ich arbeiten gehe. Womit ich das verdient habe? Ich bin doch die Tochter. Links steht also einfach nur: Tochter. Unglaublich, zu was uns das alles berechtigt. Gleiches gilt für unsere Rolle als Mutter, Vater, Mitarbeiter, Führungskraft, Bürger, Verkehrsteilnehmer, Fahrradfahrer usw. Weil ich Mutter bin, was links auf der Soll-Seite in Großbuchstaben steht, erwarte ich von meinen Kindern, dass sie mich mögen, für mich da sind, ihr Zimmer aufräumen, alle meine Anweisungen befolgen, mir helfen, mich anrufen, mich besuchen und so weiter und so fort. Als Mitarbeiter muss man mich informieren, einbinden, fragen, benachrichtigen, wertschätzen. Die meisten Ärger-Anlässe im beruflichen Kontext weisen auf eine bewusste oder unbewusste Kontoführung hin. Wir sind Meister darin, Forderungen an unser Umfeld zu stellen und diese immer wieder zu formulieren.

Vorsicht auch mit den eigenen Werten. Es kann sein, dass wir auf der linken Seite „freundlich" notiert haben und jetzt darauf warten, dass alle Menschen uns gegenüber auch „freundlich" sind. Aber das werden sie wahrscheinlich nicht sein. Zumindest nicht alle. Gleiches gilt für beliebte Werte wie gegenseitige Rücksichtnahme, Respekt, Anteilnahme, Verständnis oder Gerechtigkeit. Ich nehme Rücksicht auf andere, dann muss man doch auch auf mich Rücksicht nehmen! Dann kann ich doch Rücksichtnahme vom anderen fordern, oder nicht?

Vielleicht hat mich die andere Person verletzt oder etwas in meinen Augen „falsch" gemacht. Dann steht links die Regel: Wer etwas falsch macht oder jemanden verletzt hat, der muss sich entschuldigen. Wie lange warte ich schon auf eine Entschuldigung?

Für alle unter uns, die wie ich die Sonne anbeten: Schuldet Ihnen das Universum auch Sonne oder gutes Wetter? Was steht bei Ihnen auf der Soll-Seite? Es ist jetzt Frühling, es ist doch Sommer, es war doch gestern schon bewölkt, es ist doch Wochenende, ich habe heute frei, ich habe einen Ausflug geplant, ich habe Freunde zum Grillen eingeladen, Sonne war doch vorhergesagt. Alles völlig berechtigte Gründe, nach der Sonne zu verlangen und sich zu ärgern, wenn sie nicht am blauen Himmel für uns strahlt.

Das Frustrierende an dem Ärger aus der Kontoführung sind die Ohnmacht und Hilflosigkeit. Wir meinen, unseren Teil der Gleichung erfüllt zu haben, der andere noch nicht. Deswegen die in unseren Augen berechtigte Forderung. Der Ärger-Anlass verschwindet erst, wenn der andere das macht, was wir von ihm erwarten, um das Konto ein bisschen oder ganz auszugleichen. Das heißt, er sitzt am Steuer und hat den Schlüssel zu unserer Gelassenheit in der Hand. Wir sind abhängig davon, dass er agiert. Also versuchen wir wieder, den anderen fernzusteuern.

Die Folgen können schrecklich sein und uns ein ganzes Leben begleiten: Wir setzen Menschen unter Druck, beschweren uns, reden schlecht über andere, sind nachtragend, ziehen uns zurück und brechen Beziehungen ab. Über Jahre oder auch für immer. Das betrifft Eltern, Geschwister, Kollegen oder Freunde. Hier kann man die Ärger-Strategien Korrigieren, Warten, Ausweichen, Zurückziehen, Verstärkung holen in Aktion sehen. Meistens ohne Erfolg.

Wie können wir diesen Ärger verlassen? Genauso, wie er entstanden ist. Wir schauen uns unsere Kontoführung an und stellen sie infrage.

Wenn wir die linke Seite betrachten, das, was wir bereits geleistet haben, dann können wir uns fragen, ob uns das das Recht gibt, etwas vom anderen zu verlangen. Habe ich einen Anspruch auf Kinderbetreuung durch meine Eltern, nur weil ich die Tochter bin? Müssen andere mich freundlich behandeln, nur weil ich selbst versuche, freundlich zu ein? Schön wäre das alles, aber ein verbrieftes Recht darauf habe ich nicht.

Eine weitere Frage auf der ICH-Seite des Kontos könnte lauten: Haben wir wirklich so viel für diese Beziehung getan, wie wir meinen? War ich als Tochter auch eine Hilfe für meine Eltern oder möchte ich nur, dass meine Eltern eine Hilfe für mich sind? Wie viel haben wir wirklich eingezahlt? Wie hilfreich bin ich als Mitarbeiter und leiste ich den Beitrag, den der Arbeitgeber oder Kunde von mir verlangen kann?

Genauso können wir uns die rechte Seite der Kontoführung anschauen und uns fragen, ob wir alles sehen, was der andere zu dieser Beziehung beigetragen hat. Vielleicht ist er normalerweise ein sehr freundlicher Mensch, hatte aber heute einen schlechten Tag. Vielleicht schätze ich diese Person wegen anderer Eigenschaften, und die Freundlichkeit gehört nicht dazu? Steht auf der DU-Seite etwas, was wir übersehen haben? Eventuell gewichte ich Dinge auf der linken und rechten Seite des Kontos anders als mein Gegenüber. Vielleicht hat der andere alles gegeben, was in seiner Macht steht? Was aus meiner Sicht vielleicht wenig erscheint, mag für ihn viel sein.

Wenn wir uns die ICH-Seite und die DU-Seite kritisch angeschaut haben und es bleibt ein scheinbares Ungleichgewicht, ist das schlimm? Können wir mit einer offenen Rechnung leben und mit einem Konto, das nicht ausgeglichen ist? Ist es für uns okay, mehr einzuzahlen, als ausgezahlt zu bekommen? Können wir mehr geben als nehmen? Oder geben wir nur etwas, weil wir etwas zurückbekommen möchten?

Ganz knifflig wird es, wenn wir verschiedene Konten oder Gleichungen miteinander verknüpfen. Ich mache das nicht, weil du das nicht gemacht hast. Erst wenn du das tust, dann mache ich das. Verknüpfen wir Dinge miteinander, dann kreieren wir ein Geflecht an Forderungen und Verbindlichkeiten, das zu einem Dickicht verwachsen kann, das man nicht mehr auseinander bekommt. Dann stecken alle fest und es kommt keine Bewegung ins Spiel. Es empfiehlt sich daher, jeden Anlass einzeln zu betrachten und unabhängig voneinander zu klären, auch wenn das vielleicht in einer Beziehung bedeutet, dass wir mit unserem eigenen Ärger-Thema anfangen müssen.

ÜBUNG

Kennen Sie das Gefühl des HABEN-HABEN-HABEN-Wollens? Stampfen Sie innerlich auch manchmal mit dem Fuß auf und bestehen auf etwas? Was fordern Sie von den Menschen, mit denen Sie zusammenleben oder arbeiten? Wenn Sie auf Ihre persönliche Ärger-Liste schauen: Gibt es da etwas, was man Ihnen geben soll? Warten Sie auf etwas Bestimmtes? Wenn ja, haben Sie sich das verdient und ist die Forderung berechtigt? Wie haben Sie sich das Recht erworben? Was haben Sie alles getan? Was schuldet der andere Ihnen?

Wenn Sie das Gefühl haben, Ihre Forderung ist berechtigt, dann stellen Sie einfach alles infrage. Das, was Sie gemacht haben, und das, was der andere nicht gemacht hat. Hätten Sie mehr tun können oder hat der andere bereits mehr getan? Wenn nicht, was würde Ihnen erlauben, mit dem Ungleichgewicht zu leben? Was würde Ihnen erlauben, mehr zu geben als zu nehmen, ohne eine neue Rechnung aufzumachen?

Probieren Sie es aus und lassen Sie einige Konten offen und einige Rechnungen unbezahlt. Wie lebt es sich damit?

*

Wenn wir das Gefühl haben, dass uns etwas zusteht und wir dies HABEN HABEN HABEN möchten, dann führen wir irgendwo insgeheim ein Konto. Solange wir auf unseren Forderungen beharren und den anderen nicht aus der gefühlten Verpflichtung entlassen, sitzen wir fest. Und der andere hängt ungefragt an unserem Enterhaken, bis wir ihn und uns in die Freiheit entlassen.

5.5 Schein oder scheinen

Bisher haben wir uns mit Ärger-Haken beschäftigt, bei denen der Ärger-Wunsch, der hinter dem Ärger-Anlass liegt und den Ärger speist, für den Lösungsprozess nicht relevant war. Wir können bei egal welchem Thema den gleichen Klärungsprozess anwenden, um uns aus dem Ärger zu befreien. Es können ein berufliches oder privates Ziel, unsere Werte, ein politisches oder gesellschaftliches Ziel sein. Bei jedem beliebigen Thema, ob groß oder klein, greift ein Ärger-Haken oder sogar mehrere.

Der Weg raus aus dem Ärger ist abhängig von dem Ärger-Haken für alle Themen und Beziehungen gleich.

Es gibt jedoch für mich eine Art von Ziel, das häufig zu Ärger führt und bei dem die vier Ärger-Haken alleine als Lösungsprozess nicht ausreichen. Sie können helfen, aber nicht gänzlich vom Ärger befreien. Es ist ein Ziel, das in sich selbst ein Ärger-Haken ist. Es ist das Ziel, das unser Ego verfolgt.

Unser Ego beschäftigt sich u. a. mit unserer Wirkung nach außen. Es liebt die Show und braucht Zuschauer. Was denken die anderen über uns? Statussymbole spielen dabei eine große Rolle, wie Aussehen, Kleidung, Ausbildung, Titel, Beruf, Position, Leistung, Branche, Hobby, Wohnen, Autos, Partner, Familie, Finanzen, Vermögen – was immer Erfolg und gesellschaftliche Anerkennung definiert. Unserem Ego geht es nicht darum, ob wir die eigenen Vorstellungen hinsichtlich Beruf, Familie, Status etc. erfüllen, sondern wie diese Kriterien von anderen gesehen werden. Das Ego hat nichts davon, wenn der Ferrari in der Garage steht und keiner davon weiß. Hier geht es um die Außenwirkung. Was denken andere über mich, wie werde ich gesehen? Ich fühle mich beobachtet und beurteilt.

Wir haben es also nur teilweise in der Hand, das Ziel des Egos zu erfüllen. Wir sind abhängig davon, dass die anderen die Dinge so sehen, wie das Ego es wünscht. Andere dazu zu bewegen, uns auf eine bestimmte Art und Weise zu sehen, kann sehr anstrengend sein. Am eigenen Image zu arbeiten, um von anderen bewundert zu werden, kann sehr viel Zeit und Energie kosten.

Wenn wir nicht wahrgenommen werden oder nicht so gesehen werden, wie unser Ego das gerne hätte, und wir auf unser Ego hören, dann können wir anfangen, uns zu ärgern.

Ich lade Sie ein, auch diesen Ärger-Haken mit Neugier zu betrachten und damit zu experimentieren, denn das Ego steckt hinter vielen alltäglichen Gedanken und Handlungen.

a) Der Schein

Wenn uns die Meinung der anderen sehr wichtig ist und wir am Ärger-Haken „Schein" festhängen, dann ist uns bei unserer Außenwirkung egal, ob das Bild, das außen ankommt, wirklich den Tatsachen entspricht oder nicht – der Schein ist entscheidend. Es soll nach außen so aussehen als ob. Wenn das nicht gelingt, dann ärgern wir uns.

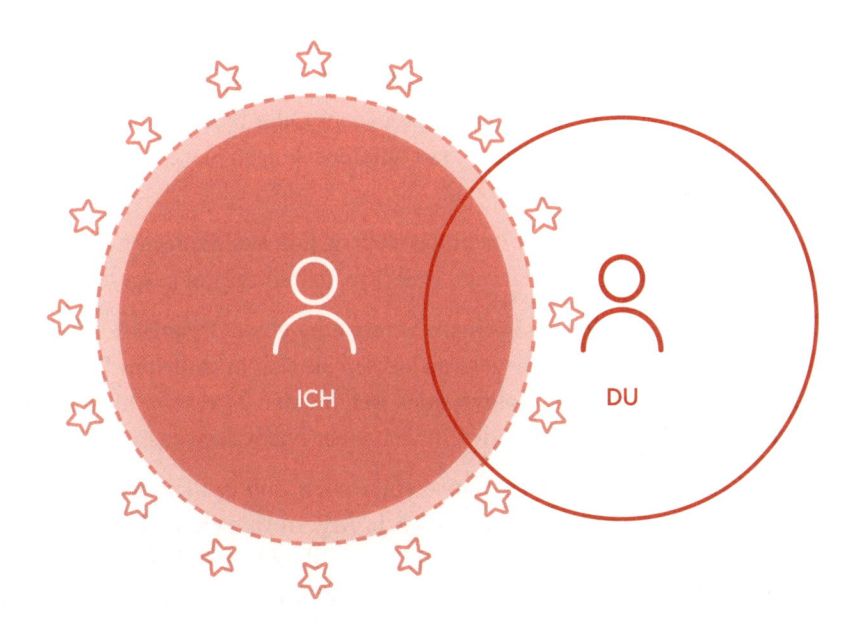

Der Schein wird in der Abbildung durch einen zusätzlichen äußeren Bereich dargestellt, den wir nach außen hin vermitteln und aufrechterhalten wollen, obwohl er nicht den Tatsachen entspricht. Nach dem Motto: Wenn ich nach außen einen ordentlichen Eindruck hinterlasse, dann reicht mir das; ich bin aber gar nicht ordentlich und will es auch nicht ändern. Oder: Hauptsache, die denken, ich wäre erfolgreich; ich selbst weiß, dass ich gar nicht so erfolgreich bin. Hauptsache, ich kann nach außen eine heile Beziehung vermitteln; ich weiß, dass es tatsächlich nicht so gut um die Beziehung bestellt ist. Und übrigens, um die Finanzen auch nicht.

Welches Bild wollen wir nach außen vermitteln? Wo liefern wir eine Show, um den Schein zu wahren? Wie wollen wir nach außen sein und wie nicht?

Einige Beispiele dazu:

- In einer Besprechung wird ein Thema kontrovers diskutiert, das Sie nicht verstehen. Sie können dem Gespräch nicht folgen und ärgern sich. Ärgern Sie sich, weil Sie sich nicht gut vorbereitet haben oder zu wenig Fachkenntnisse haben? Oder ärgern Sie sich darüber, was die anderen von Ihnen denken könnten? Sprechen Sie es an oder lassen Sie es bleiben, weil Sie fürchten, einen inkompetenten Eindruck zu erwecken? Machen Sie eine Bemerkung, damit die anderen glauben, Sie würden es verstehen?

- Sie erhalten eine E-Mail mit einem großen Verteiler, in der Sie stark kritisiert werden. Sie ärgern sich. Wenn Sie Ihre Antwort formulieren, geht es dann um die Sache, zu der Sie gerne Stellung nehmen würden? Oder möchten Sie das Licht, in dem Sie in dieser E-Mail erscheinen, korrigieren? Ärgern Sie sich mehr über den Inhalt oder die Wirkung nach außen?

- Eine Veranstaltung, an der Sie teilnehmen wollten, fällt aus. Sie ärgern sich. Weil Sie die Veranstaltung interessiert hat oder weil Ihre Teilnahme gut ausgesehen hätte?

- Sie haben sich auf einen Posten in einem Verein oder einer Organisation beworben und werden nicht gewählt. Sie ärgern sich. Weil Sie sich mithilfe des Postens stärker für die Sache engagieren wollten oder weil Sie den Titel jetzt nicht erhalten? Oder weil es in den Augen der anderen nach einer Niederlage aussehen könnte?

- Sie haben Kollegen zu sich nach Hause eingeladen und es nicht mehr geschafft, den dreckigen Flur zu putzen. Sie ärgern sich. Ärgern Sie sich, weil Sie dem Grunde nach ein sauberer Mensch sind und möchten, dass Ihre Kollegen Ihr Zuhause so sehen, wie es normalerweise ist? Dann geht es um Sie und um Authentizität. Oder ärgern Sie sich, weil die Kollegen jetzt denken könnten, Sie nehmen es mit der Sauberkeit nicht so genau? Beseitigen Sie schnell noch die größten Flecken, damit der dreckige Flur nicht so auffällt? Wollen Sie den Schein wahren?

- Sie sind in einem Restaurant und das Essen schmeckt Ihnen nicht. Die Bedienung fragt Sie beim Abräumen, ob Sie zufrieden waren. Sagen Sie Ihre Meinung oder behalten Sie Ihre Eindrücke für sich? Sind Sie besorgt, es könnte die Bedienung verletzen, oder wollen Sie als angenehmer Gast angesehen werden?

- Haben Sie immer das neueste Handy, weil die Technik Ihnen viel Spaß macht oder weil es den Eindruck vermittelt, den Sie vermitteln wollen?

- Ihre Tochter ist als einzige Schülerin der Klasse nicht versetzt worden. Sie ärgern sich. Ärgern Sie sich über sich selbst, weil Sie Ihrem Kind mehr Unterstützung hätten anbieten können? Oder ärgern Sie sich, weil Eltern, Lehrer, Verwandte, Freunde Annahmen darüber treffen könnten, was für eine Art von Mutter oder Vater Sie sind? Geht es darum, ein hilfreiches Elternteil zu sein, oder darum, wie es nach außen aussieht? Geht es um Wirklichkeit oder Schein?

- Sie haben ein praktisches Auto und ein repräsentatives Auto. Das repräsentative ist in der Werkstatt und Sie müsse mit dem praktischen Auto zu einem repräsentativen Anlass fahren. Sie ärgern sich. Weil es mehr Spaß macht, den repräsentativen Wagen zu fahren, oder weil Sie sich für den praktischen Wagen schämen? Nach welchen Kriterien wählen Sie aus, mit welchem Wagen Sie fahren? Spielt die Meinung der anderen dabei eine Rolle? Welches Bild wollen Sie nach außen vermitteln?

Das Anstrengende und Stressige an dem Ärger-Haken „Schein" ist, dass wir den Blick nach außen richten und Zeit und Energie aufbringen müssen, um ein Image aufzubauen oder aufrechtzuerhalten. Wir arbeiten an einem Bild und nicht an uns selbst. Wir arbeiten eben am Schein. Wieder versuchen wir, andere zu beeinflussen. Diesmal geht es darum, was sie über uns denken.

Warum tun wir das? Vielleicht wollen wir irgendwo dazugehören? Oder wir wollen von anderen gemocht werden? Wie sieht die Realität aus?

Wenn wir an diesem Ärger-Haken festhängen, dann können wir uns fragen, wie wichtig uns die Meinung der anderen wirklich ist oder ob deren Erwartungen auch den eigenen Vorstellungen entsprechen. Wenn wir in den obigen Beispielen die Außenwirkung ausknipsen und uns fragen, was wir eigentlich machen würden, wenn uns keiner beobachtet, dann könnten wir denken:

- Wenn ich das Thema nicht verstehe, dann frage ich nach.
- Das Thema ist wichtig, ich nutze die E-Mail und informiere und erkläre meine Position.
- Eigentlich interessiert mich die Veranstaltung nicht. Ich wäre eh nicht gegangen.
- Ich würde mich weiterhin gerne für das Thema einsetzen und bewerbe mich im nächsten Jahr noch einmal.
- Ist nicht so schlimm mit dem dreckigen Flur. Ich hätte es gerne gemacht, habe es aber eben nicht mehr geschafft.
- Ich finde Feedback für den Koch und das Restaurant hilfreich und teile der Bedienung mit, was mir bei meinem Gericht nicht geschmeckt hat.
- Mein Handy ist noch völlig in Ordnung.
- Kann ich im nächsten Schuljahr etwas anders machen für mein Kind?
- Ich habe jetzt Lust, das praktische Auto zu nehmen.

Authentische Wünsche liegen in unserem Inneren und die innere Stimme sagt uns, was uns wirklich wichtig ist und was wir wollen.

Das bedeutet nicht, dass uns die Wirkung auf andere und deren Meinung von uns egal sein sollen. Im Gegenteil: Für eine ärger-freie und lebendige ICH-und-DU-Beziehung reflektieren wir immer wieder unsere Wirkung auf andere und holen deren Meinung ein. Wenn das, was sie über uns denken, sich allerdings zu einem Ärger-Anlass entwickelt und wir an dem Ärger-Haken „Schein" festsitzen, dann nehmen wir ihre Meinung vielleicht zu ernst.

Wenn wir ganz bei unseren eigenen Zielen sind und wir zu unserer Wirkung nach außen stehen, dann ärgern wir uns nicht. Eine Kursteilnehmerin hat zu dem Ärger-Haken „Schein" gesagt, sie könne jetzt ganz entspannt zum nächsten Klassentreffen gehen. Stellen Sie sich vor, die eigene Ausbildung, der eigene Beruf, die eigene Vermögenslage, die eigene Art zu wohnen und zu leben, der eigene Kleidungsstil, die eigene Figur und Frisur, der Partner oder das Singledasein, die Kinder oder auch die Kinderlosigkeit, die Hobbys – einfach alles wäre okay. Vielleicht nicht ganz so, wie wir es uns selbst wünschen, aber es ist ja unser Bereich, und den gestalten wir. Dann kann man uns so annehmen und mögen, wie wir sind. Oder auch nicht.

ÜBUNG

Wie wichtig ist Ihnen die Meinung der anderen? Experimentieren Sie und knipsen Sie bei einem Ärger-Anlass die Außenwirkung aus. Stellen Sie sich vor, keiner schaut zu und beobachtet, was Sie tun. Sie sind ganz allein auf der Welt mit dem Ärger-Anlass. Verändert sich etwas? Was denken Sie jetzt? Was wollen Sie erreichen? Was sagt Ihnen die innere Stimme? Was ist Ihnen wichtig?

*

Das eigene Ego kann ein Ärger-Haken sein. Solange wir unser Ego ernst nehmen und ihm folgen, können wir in Ärger-Situationen festsitzen. Wenn wir das Ego loslassen, dann verschwinden auch die mit ihm verbundenen Ziele und ihre Verletzung ist kein Ärger-Anlass mehr. Wir sind frei.

b) scheinen

Beim Ärger-Anlass „Schein" beschäftigen wir uns damit, wie uns andere sehen, und wollen ein bestimmtes Bild nach außen vermitteln. Ob dieses Bild der Realität entspricht, ist nicht so wichtig. Wir fühlen uns beobachtet und beurteilt. Wenn unser Bild nicht stimmt, dann ärgern wir uns.

Beim „Scheinen" ist es umgekehrt: Wir wollen, dass das, was wir zu bieten haben, von anderen gesehen wird. Das können genau die gleichen Statussymbole sein, aber auch Handlungen und Taten, auf die wir stolz sind. Oder wir wollen einfach nur so gesehen werden, wie wir sind. Es handelt sich also nicht um einen Schein oder ein Bild, sondern um die Realität. Wir wollen von anderen wahrgenommen und gesehen werden. Wie auch im Ärger-Fall des „Scheins" ist uns die Meinung der anderen sehr wichtig.

Man könnte meinen, dass wir den Wunsch nach Anerkennung und nach Wertschätzung haben und diesen einfach nur auf der Zu-viel / Zu-wenig-Skala zu weit nehmen. Da geht die Motivation von innen aus und wir kommunizieren zu viel oder wollen überzeugen. Wir wollen dem anderen partout beweisen, wie wir wirklich sind.

Aber es ist mehr als das. Wir können die Anerkennung und Wertschätzung bekommen und der Wunsch zu scheinen bleibt unerfüllt bestehen. Wir ärgern uns. Wir wollen im wahrsten Sinne des Wortes „scheinen".

Beim „Scheinen" identifizieren wir uns mit Dingen, Erlebnissen, Leistungen, Taten und das sollen die anderen sehen und bewundern. Wir brauchen die externe Anerkennung und Bestätigung. Einige beschreiben es auch als das Polieren des Heiligenscheins. Wir ärgern uns, wenn uns die Gelegenheit dazu genommen wird.

Einige Beispiele dazu:

- Sie sind sehr stolz auf Ihre sportlichen Leistungen. Es werden aber nur die Leistungen der anderen lobend erwähnt. Sie ärgern sich.
- Sie kehren gerade aus einem exotischen Urlaub zurück. Keiner scheint sich dafür zu interessieren. Sie ärgern sich. Weil Sie sich gerne dazu austauschen würden oder weil Sie niemand für Ihre Urlaubserlebnisse beneidet und bewundert?
- Sie sprechen die Sprache des Urlaubslandes und werden von den Einheimischen auf Deutsch angesprochen. Sie ärgern sich. Weil Sie gerne die Fremdsprache üben würden oder um Ihr Können zu demonstrieren?
- In einer Besprechung kommen Sie kaum zu Wort. Sie ärgern sich. Weil Sie so viel inhaltlich beizutragen hätten oder weil Sie mit Ihrem Fachwissen glänzen möchten?
- Sie haben eine gute Idee und die Lorbeeren gehen an jemand anders. Sie ärgern sich. Würden Sie auch gerne im Rampenlicht stehen und gelobt werden?
- Sie verlieren bei einem Gesellschaftsspiel und ärgern sich. Weil Sie tatsächlich schlecht gespielt haben oder weil Sie nicht zeigen konnten, was für ein guter Spieler Sie normalerweise sind?

Wenn uns die eigene Wertschätzung und Anerkennung nicht ausreichen und wir unbedingt zusätzlich von außen bewundert werden möchten, dann sind wir wieder von der Wahrnehmung durch andere abhängig. Wenn wir auf einem Podest stehen und scheinen wollen, dann suchen wir unser Glück außen und nicht innen.

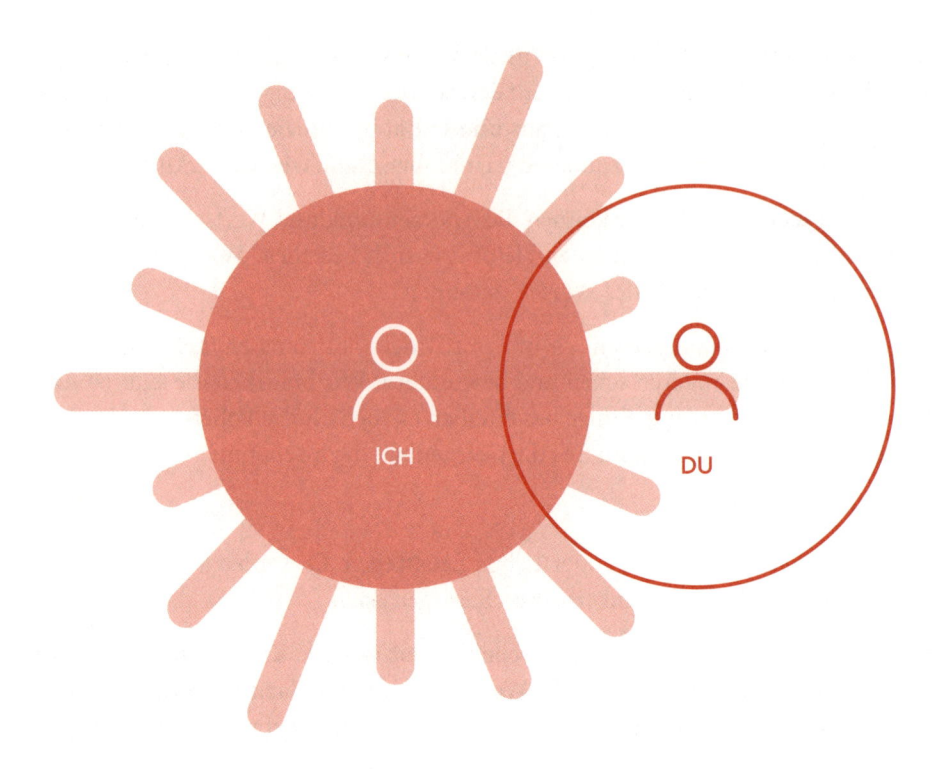

Das heißt nicht, dass wir uns nicht dafür einsetzen sollten, mit unseren Eigenschaften oder Leistungen gesehen und anerkannt zu werden. Wenn etwas unsere Idee ist, dann heben wir die Hand und fordern den eigenen Bereich ein. Hier geht es um mehr. Scheinen ist auf das Äußere und die Außenwirkung ausgerichtet.

Auch hier können wir den Blick nach innen richten und uns fragen, wie wir unsere Errungenschaften und Leistungen sehen. Wie viel äußere Anerkennung brauchen wir noch, wenn wir selbst mit uns zufrieden sind?

ÜBUNG

Gibt es auf Ihrer Ärger-Liste einen Anlass, bei dem Sie gerne gesehen werden möchten? Bei dem Sie gerne scheinen möchten? Was wissen Sie über die eigene Wertschätzung? Sind Sie mit sich zufrieden? Was würde Ihnen erlauben, sich von der Wahrnehmung durch andere freizumachen?

*

5.6 Fazit der Ärger-Haken

Die Ärger-Haken sind der letzte Schritt im Prozess der Ärger-Klärung. Nachdem wir unseren Ärger gefiltert und den Ärger-Wunsch ergründet haben, kann es sein, dass wir trotzdem noch irgendwo festsitzen und uns ärgern. Mithilfe der Ärger-Haken können wir unsere Ziele und Vorstellungen auf den Prüfstand stellen. Insbesondere wenn wir es nicht geschafft haben, beim Ärger-Filter *extern Gegebenes* oder *deinen Bereich* loszulassen.

Wie verändert sich unser Ärger-Wunsch, wenn wir die fünf Ärger-Haken gedanklich durchgegangen sind? Welcher Ärger-Wunsch bleibt? Welche Ziele will ich weiterverfolgen und nach außen gelassen kommunizieren und vertreten?

1. Der ICH / DU-Regler

Sind wir zu sehr im ICH-Fokus und müssen den anderen mehr sehen – oder sehen wir vor lauter DU die eigenen Vorstellungen nicht mehr? Ändern sich unsere Ziele, wenn wir uns auf der Skala mehr in die Mitte bewegen?

2. Die Zu-viel / Zu-wenig-Skala

Engagieren wir uns zu wenig für unsere Ziele und sind mehr Einsatz und Konsequenz erforderlich? Oder machen wir zu viel und sollten einen Gang runterschalten? Bleiben unsere Ziele erhalten oder relativieren wir sie?

3. Der Urteilsknopf

Ist unser Ärger darauf zurückzuführen, dass wir urteilen und verurteilen? Fühlen wir uns anderen überlegen und meinen zu wissen, wie es geht oder was für den anderen gut ist? Oder urteilen wir und fühlen uns dem anderen unterlegen? Welche Ziele bleiben übrig, wenn wir den Urteilsknopf rausnehmen und nicht mehr den Richter spielen?

4. Die Kontoführung

Haben wir uns das, was uns angeblich zusteht, wirklich verdient? Schuldet der andere uns etwas? Sehen wir die eigenen Leistungen und die der anderen alle? An welchen Forderungen und Ärger-Wünschen wollen wir weiter festhalten, was können wir loslassen?

5. Schein oder scheinen

Ist uns die Meinung der anderen sehr wichtig und unser Ziel auf die Außenwirkung gerichtet? Wollen wir nach außen ein bestimmtes Bild von uns vermitteln oder mit unseren Errungenschaften glänzen? Wenn wir bei uns und unseren inneren Zielen bleiben und mit uns selbst zufrieden sind, wie sehr ärgern wir uns dann noch über die Meinung der anderen? Welches Ziel bleibt noch übrig?

Vielleicht hängen wir bei einem Ärger-Anlass an einem bestimmten Haken fest, vielleicht sind es auch mehrere. Ich gehe vorsichtshalber immer alle Haken einzeln durch. Die Haken können sich auch gegenseitig beeinflussen, im positiven wie im negativen Sinne. Lassen wir den einen Haken los, dann verschwindet vielleicht auch ein anderer. Sitzen wir an einem Haken fest, haben wir eventuell auch Schwierigkeiten, einen anderen loszulassen.

Ein paar Beispiele dazu:

- Ich sehe den anderen und mich (ICH / DU-Regler) und bin urteilsfrei (Urteilsknopf). Aber mein Ziel ist mir so wichtig, dass ich zu viel mache und im roten Bereich festsitze (Zu-viel / Zu-wenig-Skala).
- Ich habe festgestellt, dass ich mich überlegen gefühlt habe (Urteilsknopf), und schaffe es, den Urteilsknopf rauszunehmen. Aber der Ärger bleibt. Dann finde ich noch eine Eigenschaft, mit der ich gerne glänzen möchte (scheinen).
- Ich stelle fest, dass ich über jemanden urteile (Urteilsknopf), weil er in meinen Augen etwas falsch gemacht hat. Und ich möchte eine Entschuldigung HABEN (Kontoführung), weil ich mir die mit meiner Überlegenheit verdient habe. Wenn ich den Urteilsknopf rausnehme, kann es sein, dass auch der Wunsch nach einer Entschuldigung nachlässt.
- Ich sitze mit meinen Vorstellungen im roten Bereich fest (Zu-viel / Zu-wenig-Skala) und kann den anderen nicht sehen (ICH / DU-Regler). Wenn ich anfange, ihn zu sehen, dann kann es sein, dass ich mich auf der Skala zurück in den ärgerfreien „grünen Bereich" bewege.
- Ich urteile und fühle mich unterlegen (Urteilsknopf). Daher halte ich mich mit meinen eigenen Vorstellungen zurück und bleibe in dem Bereich, in dem ich mich zu wenig für meine Belange einsetze.
- Ich möchte gerne, dass meine Tochter mich mag. Da ich von ihr nicht als strenge Mutter gesehen werden möchte (Schein), verfolge ich meine Erziehungsziele nicht so konsequent, wie ich eigentlich möchte (Zu-viel / Zu-wenig-Skala).

Wir sind erst ärger-frei, wenn wir uns von allen Ärger-Haken, an denen wir festhängen oder die wir festhalten, befreien.

Einige Wünsche und Vorstellungen können wir durch die Prüfung der Ärger-Haken loslassen. Insbesondere Wünsche, die *extern gegeben* sind oder *deinen* Bereich betreffen. Das bedeutet nicht, dass die Ziele an sich uns nicht mehr wichtig sind. Aber wir prüfen, ob wir übergriffig sind, und respektieren die Meinung und den Freiraum des anderen.

Einige Vorstellungen werden vielleicht relativiert oder angepasst, weil wir uns aus dem Tunnelblick befreien und neue Optionen sehen können.

ÜBUNG

Nehmen Sie ein Blatt Papier (DIN A4) und stellen Sie sich vor, es steht für die Summe Ihrer persönlichen Ärger-Anlässe. Egal, ob es sich um kleine oder große Themen handelt. Das ganze Blatt ist also die Summe Ihrer Ärgernisse.

Wie viele Ärgernisse würden wegfallen, wenn Sie den Ärger-Filter konsequent anwenden und alle Ärger-Anlässe loslassen, die auf Annahmen beruhen, extern gegeben sind oder allein in *deinen* Bereich fallen?

Welche Ärger-Anlässe würden wegfallen, weil Sie in einem der fünf Haken festsitzen und sich daraus befreien könnten?

Kennzeichnen Sie die Bereiche der Ärger-Anlässe, die durch Anwendung eines Schritts der Ärger-Klärung wegfallen. Eine grobe Schätzung ist völlig ausreichend. Es geht nur um das eigene Bewusstsein dafür, wie viele Ärger-Anlässe unter eine Rubrik und das gleiche Muster fallen.

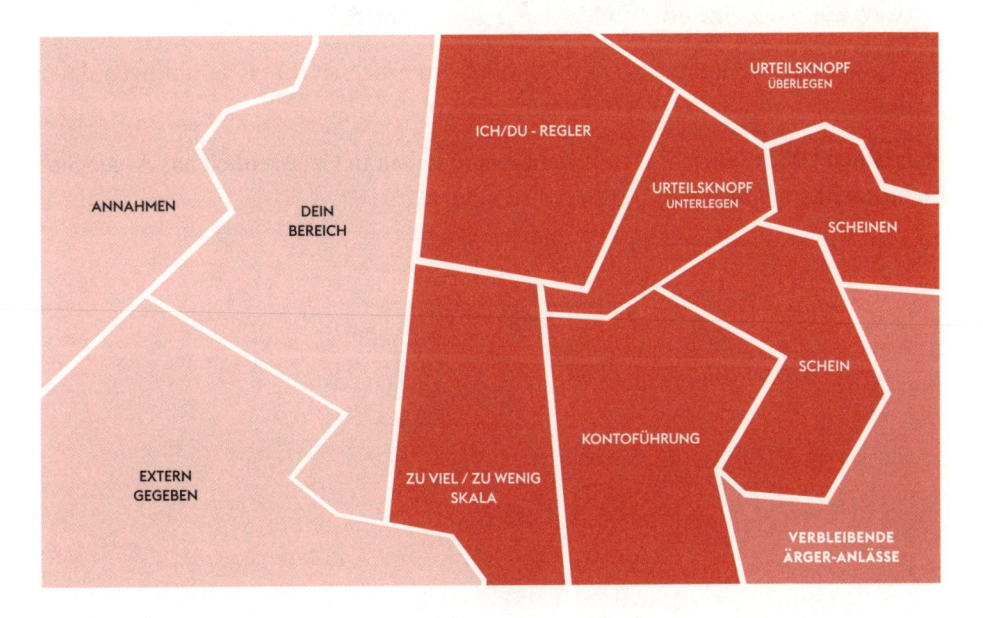

So entsteht Ihre ganz individuelle Ärger-Landkarte, die Ihnen zeigt, wo Ihre Ärgernisse entstehen oder in welchen Ärger-Haken Sie festsitzen. Vielleicht zeigen sich Muster, die Ihnen helfen, immer wiederkehrende Ärger-Trigger nachhaltig zu klären. Wenn Sie wissen, wo Sie festsitzen, dann wissen Sie auch, wie Sie sich befreien können. Jeder Haken stellt eine eigene Tür zur Ärger-Freiheit dar.

Kann sein, dass einige wenige Ärger-Anlässe übrig bleiben, die hartnäckig sind und von denen Sie im Moment noch nicht wissen, in welchen Bereich sie gehören. Auch diese Themen werden in Bewegung geraten. Einfach immer mal wieder in die Hand nehmen und gedanklich den Prozess durchspielen.

Je öfter Sie den Ärger-Klärungsprozess anwenden und je mehr Ärger-Anlässe Sie loslassen oder klären, desto gelassener werden Sie mit Herausforderungen umgehen, die normalerweise zu einer Ärger-Situation geführt hätten. Sie regen sich nicht mehr über *extern Gegebenes* auf und lassen dem Bereich des anderen (*dein* Bereich) den dazugehörigen Freiraum.

Wenn Sie frei von Ärger-Haken sind, dann:

- sehen Sie die eigenen Vorstellungen und die des anderen (ICH/DU-Regler),
- verfolgen Ihre Ziele konsequent, aber im grünen Bereich (Zu-viel/Zu-wenig-Skala),
- begegnen anderen urteilsfrei auf Augenhöhe (Urteilsknopf),
- sehen, was Sie und andere in einer Beziehung geben und nehmen; dabei ist es okay, wenn der eine oder andere mehr gibt (Kontoführung), und
- nehmen die Meinung der anderen wahr, ohne sich in Ihren Handlungen davon bestimmen zu lassen (Schein oder scheinen).

Herzlichen Glückwunsch! Damit steht einem Leben in Gelassenheit aus Ärger-Sicht nichts mehr im Wege.

6. | Ärger-Prävention

Eigentlich endet das Buch hier, denn Sie kennen jetzt den Prozess der Ärger-Klärung und sind in der Lage, auftretende Ärgernisse zu filtern, zu ergründen und zu klären. Sie können sich von den Ärger-Haken befreien.

Wir können aber noch einen Schritt weiter gehen und daran arbeiten, Ärgernissen in der Zukunft durch Ärger-Prävention vorzubeugen.

Ärger-Anlässe, seien es bestimmte Themen, Situationen oder Personen, treten in der Regel in einer Beziehung auf. Wir wiederum können aktiv daran arbeiten, die Ärger-Anfälligkeit einer Beziehung zu reduzieren. Denn der nächste Ärger-Anlass kommt bestimmt. In jeder Beziehung.

Alles, was wir tun, geschieht in Beziehung. Unser ganzes Leben findet in Beziehung zu anderen Menschen statt (ICH/DU) und natürlich immer in Beziehung zu uns selbst (ICH/ICH). Wir sind in Beziehung mit unserem Partner, unseren Kindern, unserer Familie, den Freunden, Arbeitskollegen, Nachbarn, Vereinsmitgliedern, den Bürgern unserer Stadt, dem Fahrradfahrer auf der Straße usw.

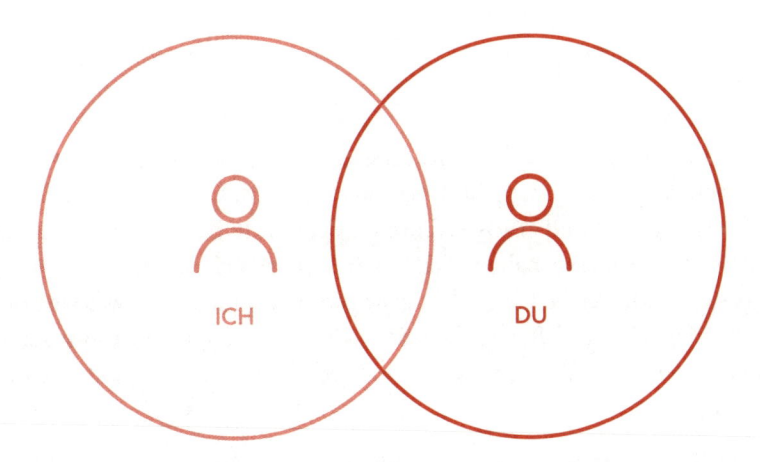

In Beziehung mit anderen Menschen geht es uns am besten, wenn wir uns mit ihnen verbunden fühlen, Klarheit herrscht und wir gelassen und selbstbestimmt agieren können. Das bedeutet also auch, dass die Beziehung zum größten Teil ärger-frei ist und wir in der Lage sind, auftretende Ärger-Anlässe kompetent zu klären.

Der Prozess der Ärger-Klärung kann dabei in all unseren Beziehungen sehr nützlich sein. Über den Ärger-Filter werden Grenzen definiert und respektiert, mithilfe des Ärger-Wunschs wird Zielklarheit geschaffen, und über die Ärger-Haken wird die Beziehung von Dingen und Zielen befreit, die ihr nicht dienen.

Je lebendiger eine Beziehung ist, desto leichter können Ärger-Anlässe geklärt werden. Oder umgekehrt: Eine Beziehung, die leer ist, die nicht mit Leben gefüllt ist, erschwert es uns, Ärger-Sachverhalte zu klären. Eine lebendige ICH / DU-Beziehung bedeutet für mich unter dem Aspekt der Ärger-Prävention, dass beide Beteiligten im Austausch und in der Kommunikation sind. Gelassen und urteilsfrei.

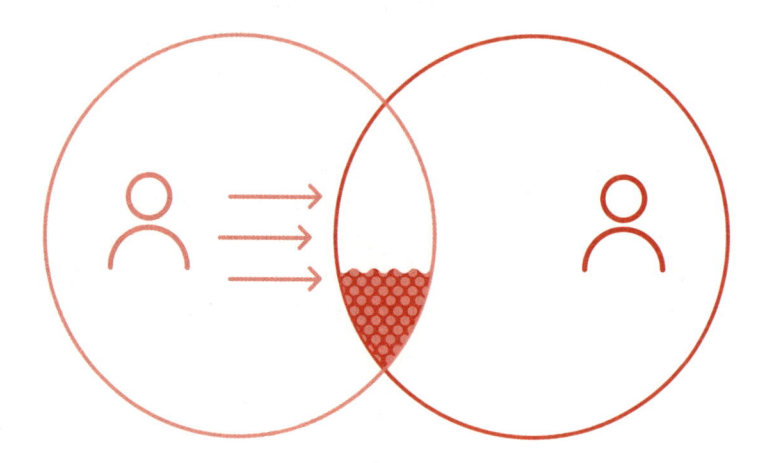

Das setzt voraus, dass wir am DU interessiert sind und wirklich erfahren wollen, was im Leben des anderen vorgeht. Und zwar nicht um unser selbst willen, weil wir für uns neugierig sind und etwas erfahren möchten (ICH), sondern weil wir echtes Interesse an dem anderen haben (DU). Wir wollen wissen, wo die Person gerade steht, was sie denkt, welche Herausforderungen sie gerade erlebt, was sie braucht. In der Sprache des ICH / DU-Reglers würden wir den anderen sehen mit seinen Vorstellungen, Zielen und Wünschen. In Verhaltensweisen ausgedrückt fragen wir nach und hören zu.

Zum Austausch gehört auch, dass wir andere über uns informieren. Sie können sich nur auf uns einstellen, wenn wir sie wissen lassen, was bei uns gerade los ist und was uns wichtig ist. Es ist unsere Aufgabe, andere Personen mittels Ich-Aussagen zu informieren und unsere Vorstellungen zu erklären. Sie müssen nicht alles über uns wissen, aber genug, um uns zu sehen und der Art der Beziehung gerecht zu werden.

Über den regelmäßigen Austausch und eine gelassene Kommunikation erhalten und geben wir Informationen, die wir für den Ärger-Filter und die Ärger-Klärung brauchen. Wir brauchen keine Annahmen mehr zu treffen, denn wir sind im Austausch und fragen nach. Je lebendiger diese Beziehung ist, desto klarer ist sie und desto leichter können auftretende Ärger-Anlässe geklärt werden. Da reicht es fast schon aus, schnell die Ärger-Haken durchzugehen.

Für eine lebendige Beziehung bedarf es der Beziehungsarbeit. Wie das Wort schon sagt, ist dies mit „Arbeit" verbunden. Eine ganze Reihe von Beziehungen sind *extern gegeben* (z. B. Familie, Arbeitskollegen, Nachbarn), andere haben wir uns ausgesucht (z. B. Partner, Freunde). Unabhängig davon sind sie leer, wenn wir sie nicht mit Leben füllen und Zeit und Mühe investieren.

Beziehungen mit Leben füllen bedeutet in diesem Kontext, Gelegenheiten zu schaffen, in Verbindung zu sein und sich auszutauschen. Über Meetings im Job, über E-Mails, regelmäßige Telefonate, persönliche Treffen oder virtuelle Treffen, Chats oder Messenger-Dienste. Gerade die neuen Medien bieten gute Möglichkeiten, in Verbindung zu sein und andere an wichtigen Dingen in unserem Leben teilhaben zu lassen. Sei es über Fotos oder Emojis, die schnell und leicht unsere Gefühle vermitteln. Regelmäßige Treffen wie der Jour fixe im Arbeitsleben, wöchentliche Projektmeetings, große Familientreffen oder Geburtstagsfeiern wirken oft wie eine lästige Pflicht und werden als Belastung empfunden. Dabei bieten diese Anlässe gute und vor allem regelmäßig wiederkehrende Gelegenheiten, zusammenzukommen und sich auszutauschen. Beziehungen wollen gepflegt werden, was bedeutet, regelmäßig Angebote zu unterbreiten.

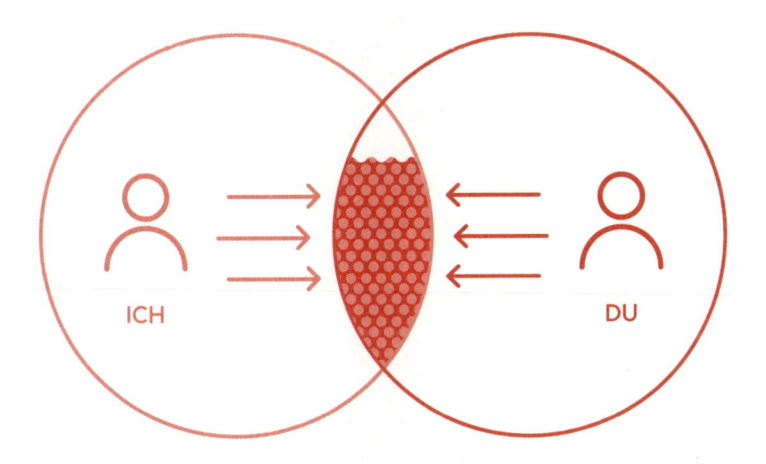

Der Austausch muss nicht permanent stattfinden, auch „zu viel Information" kann der Beziehung im Wege stehen und eine Seite verschrecken. Ich muss nicht wissen, was die Schwiegermutter zum Kaffee hatte oder wie das Kind die Nacht geschlafen hat. Ich muss auch nicht mit allen in den Urlaub fahren. Der Austausch sollte dem Informationsbedarf und der Art der Beziehung gerecht werden.

Eine Beziehung kann auch einseitig mit Leben gefüllt werden, auch das dient der Ärger-Prävention. Allerdings macht es viel mehr Spaß und entfaltet das gesamte Potenzial der Beziehung, wenn beide Seiten etwas für sie tun. Dann gilt die Formel, dass man alleine addiert und zusammen multipliziert. Eine mit Leben gefüllte Beziehung schafft über eine gute Kommunikation hinaus neue Lösungsmöglichkeiten, Innovation, Motivation und Ko-Kreation. Eine lebendige Beziehung erlaubt gegenseitiges Vertrauen, ein gleichwertiges Miteinander, gegenseitige Hilfsbereitschaft und einen krisensicheren Umgang mit Ärger-Anlässen. In einer guten Beziehung kann man seine eigene Position vertreten und die des anderen sehen.

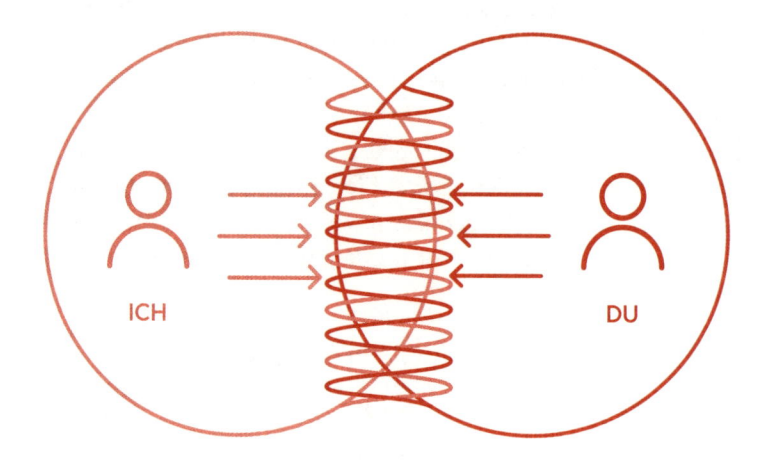

ÜBUNG

Schauen Sie sich um und betrachten Sie, mit wem Sie in Beziehung stehen. Ob am Arbeitsplatz, im Straßenverkehr, an der Supermarktkasse, im Aufzug, am Kassenautomaten, im Theater, im Restaurant. Nehmen Sie all diese Kontakte mit oft wildfremden Menschen bewusst wahr und sehen auch diese als Beziehung.

Gehen Sie – der Beziehung angepasst – in den Austausch und die Kommunikation, auch wenn Sie diese Person vielleicht nie wiedersehen werden. Es muss nicht viel sein, aber so, dass Sie den anderen sehen und er die Möglichkeit hat, Sie zu sehen. Erweitern Sie die Ihnen bekannten Beziehungen um diese täglichen Begegnungen.

Üben Sie, die Beziehungen, die Ihnen sehr wichtig sind, mit Leben zu füllen. Machen Sie Angebote und nehmen Sie die Angebote anderer an. Wen könnten Sie mal wieder treffen, mit wem in den Austausch gehen, wen könnten Sie stärker einbinden, welche Beziehung könnte man verbessern?

*

Wer Ärger in Beziehungen vorbeugen möchte, der erweitert den Prozess der Ärger-Klärung um die Ärger-Prävention und füllt seine Beziehungen mit Leben.

Teil III

Anwendung

7. | Tipps zur täglichen Anwendung

Wie kann man den Anti-Ärger-Prozess in seinen Alltag einbinden? Eigentlich sofort, immer und jederzeit, und das bei jedem Ärger-Anlass und in jeder denkbaren Beziehung.

Anti-Ärger-Prozess

Ärger-Klärung

1. **Ärger-Filter**
Ausnahmen, extern gegeben, *dein* Bereich loslassen
Mein Bereich und Schnittmenge klären

2. **Ärger-Wunsch**
Ziele, Vorstellungen und Wünsche für jeden Ärger-Anlass ergründen

3. **Ärger-Haken**
Ich/DU-Regler, Zu-viel/Zu-wenig-Skala, Urteilsknopf, Kontoführung, Schein/scheinen nutzen, um sich zu befreien

---

Ärger-Prävention
Beziehungen mit Leben füllen

Klären kann man direkt beim Auftreten des Ärgers oder auch im Nachgang. Wirkung zeigt der Klärungsprozess jedoch nur, wenn er regelmäßig durchlaufen wird. Wie bei jedem neuen Prozess müssen die einzelnen Schritte möglichst oft angewendet werden, damit man nicht mehr groß über die Reihenfolge nachdenken muss.

Voraussetzung ist wie immer das Ärger-Bewusstsein. Je schneller wir ein Ärger-Thema erkennen, desto früher können wir uns damit auseinandersetzen. Das Schöne an der Ärger-Klärung ist, dass sie durch die einfache Umsetzung direkt zu kleinen Erfolgen führen kann. Wenn ich es einmal geschafft habe, einen Ärger-Anlass loszulassen, dann schaffe ich es wieder. Wenn ich einmal gespürt habe, wie schön es ist, der anderen Person die Gestaltungsfreiheit für ihren Bereich zu lassen, dann gelingt es beim nächsten Mal leichter und schneller.

Die eigene Freiheit, die wir gewinnen, motiviert hoffentlich dazu, die Klärung der eigenen Ärger-Themen zu einem Routinevorgang werden zu lassen. Statt bei der Emotion „Ich ärgere mich" stehen zu bleiben, kann man den Schritt in die Ärger-Klärung zu einer neuen Gewohnheit machen. Die Ärger-Klärung gehört dann wie Zähneputzen zur täglichen Hygiene. Als Ergebnis werden die Ärger-Momente abnehmen und der Ärger nur noch vereinzelt auftreten.

Den Prozess muss jeder für sich anwenden, dabei die eigenen Widerstände überwinden, täglich üben und sich von Rückschlägen nicht entmutigen lassen. Wenn uns das gelingt, dann sind wir in der Lage, nicht nur unseren Ärger zu klären, sondern auch anderen zu helfen, sich weniger zu ärgern. Das Gelernte und die angeeignete Kompetenz können wir in unsere privaten und beruflichen Beziehungen einbringen und an unsere Kinder, Partner und Mitarbeiter weitergeben.

7.1 Bei uns anfangen

Bei der Ärger-Klärung müssen wir bei uns anfangen, und zwar jeder für sich. Selbst wenn wir uns mit anderen über den gleichen Ärger-Anlass aufregen, so können unsere Ärger-Wünsche völlig unterschiedlich sein.

Wenn wir uns ärgern, dann geht es um uns, um etwas, das uns wichtig ist. Es ist unser ganz individuelles Ärger-Thema, das auch nur wir klären können. Nur wir wissen, was wir wollen und brauchen. Die zentrale Frage lautet immer wieder: „Was hat das mit mir zu tun? Worum geht es mir wirklich? Was ist mein Herzenswunsch?"

Egal in welcher Beziehung der Ärger auftritt und wer den Ärger auslöst, wir müssen zuerst bei uns hinschauen. Das bedeutet im Umkehrschluss, dass wir Vorgesetzte, Mitarbeiterinnen, Kollegen, Partnerinnen, Kinder, Familie, Freundinnen, Nachbarn oder die Gesellschaft im Allgemeinen, die uns ärgern können, als Allererstes aus unserem Ärger entlassen. Wir lassen sie frei! Wir entlassen sie aus dem Ärger-Gefängnis, in dem wir sie gedanklich als Ärger-Ursache und Ärger-Schuldige eingesperrt und festgehalten haben. Wir fegen erst einmal vor der eigenen Tür. Erst wenn wir Klarheit gewonnen haben, ob wir überhaupt eine Ärger-Erlaubnis haben (Ärger-Filter), worum es uns wirklich geht (Ärger-Wunsch) und ob unsere Ärger-Ziele überhaupt so bestehen bleiben (Ärger-Haken), dann können wir in den Austausch mit der Person gehen oder uns wieder dem Thema zuwenden, das den Ärger bei uns ausgelöst hat.

Es mag anstrengend klingen, dass wir die Klärungsarbeit alleine absolvieren müssen und uns keiner dabei helfen kann. Auf der anderen Seite hat dies den riesigen Vorteil, dass wir nicht von anderen abhängig sind und vollkommen selbstständig unsere Themen reflektieren und klären können. Wir können das auch klar artikulieren: „Ich ärgere mich gerade über etwas und muss erst einmal herausfinden, worum es mir dabei eigentlich geht. Ich brauche noch eine Weile und komme gleich auf Sie zu."

Wenn es *unser* Ärger ist, dann kann uns auch keiner davon abhalten, ihn zu reflektieren und zu klären. Wir sind völlig frei und selbstbestimmt in diesem Prozess und können jederzeit damit anfangen. Wir müssen niemanden fragen und auf niemanden warten. Keiner kann verhindern, dass wir uns aus unserem Ärger befreien und uns nicht mehr über etwas ärgern. Keiner kann uns verbieten, gelassener zu werden.

Wenn wir den Ärger für uns geklärt haben, dann müssen wir uns noch eine wichtige Frage stellen, *bevor* wir auf den Verursacher des Ärgers zugehen und den Austausch suchen: „Gibt es etwas, was *ich* hätte tun können, um den Ärger zu vermeiden?" Sehr häufig können wir selbst dazu beitragen, Ärger-Situationen zu entschärfen oder sogar zu vermeiden. Durch frühzeitiges Bescheidgeben, die Weiterleitung von Informationen oder Hinweise auf die Punkte, die uns wichtig sind. Welchen Beitrag können wir selbst leisten? Hätte ich früher nachfragen, besser informieren, klarer kommunizieren können? Kennen die anderen meine Position oder meine Wünsche überhaupt? Was kann ich tun? Beim ersten Anflug von Ärger können wir uns – wie bei einem Mantra – fragen:

- Was hätte ich tun können, um den Ärger zu vermeiden?
- Wie hätte ich hilfreicher sein können?
- Was kann ich jetzt tun, um die Ärger-Situation zu entschärfen?
- Wie kann ich helfen?

Damit sind wir wieder bei uns und dem, was wir bestimmen und beeinflussen können. Mit dieser Klarheit können wir dann das Ärger-Thema, sofern es nach der Ärger-Klärung noch besteht, gelassen ansprechen.

7.2 Widerstände überwinden

Jeder muss seinen eigenen Ärger klären, nur manchmal wollen wir nicht. Im Folgenden gehe ich auf einige gängige Widerstände ein, die sich bei uns melden können und uns von der Ärger-Klärung abhalten.

a) Ich ärgere mich doch gar nicht

Wenn wir mitten im Ärger festsitzen oder Ärger in einer Situation schon ewig präsent ist, dann sehen und erkennen wir den eigenen Ärger nicht. „Lass mich doch in Frieden, ich ärgere mich doch gar nicht", ist eine typische Äußerung in so einer Situation.

Die Ärger-Signale sollen uns helfen, die eigene Blindheit zu überwinden. Körper, Gefühle, Stimme, Sprache und Verhaltensweisen wie Beschuldigen, Rechtfertigen, Korrigieren oder Verteidigen verraten uns, wenn uns etwas ärgert. Wenn wir ärgerblind sind, müssen wir auf unsere Ärger-Signale hören und ihnen vertrauen. Wir müssen die Frage zulassen: „Kann es sein, dass ich mich vielleicht doch gerade über etwas ärgere?"

Eine andere Art, den Ärger zu erkennen, ist über die Benchmark der Gelassenheit: Wenn ich gelassen bin, dann ärgere ich mich nicht. Wenn ich nicht gelassen bin, dann ärgert mich vielleicht etwas. Wir können die Frage nach dem Ärger also jederzeit beantworten: Bin ich gelassen?

b) Ich mag meinen Ärger

Viele wollen ihren Ärger gar nicht klären, weil sie ihn mögen. Er gibt ihnen Fokus, Energie und Kraft.

Ich mag meinen Ärger auch, denn er hat so viele positive Elemente. Er sagt mir, dass wichtige Vorstellungen von mir nicht erfüllt sind, und gibt mir die Energie, das zu ändern. Wir lieben diese Energie, die uns beflügelt und uns Hindernisse überwinden lässt. Allerdings ist es nicht der Ärger, der uns die Energie gibt, sondern der große innere Wunsch, einen bestimmten Zustand herbeizuführen. Die Kraft verleiht die Zielvorstellung, die wir verfolgen. Es müsste also heißen: „Meine Ziele geben mir unendlich viel Kraft und Ausdauer", und nicht: „Der Ärger gibt mir die Energie, etwas zu bewirken." Je wichtiger uns die Ziele sind, desto mehr Energie und Einsatzbereitschaft geben sie uns zu deren Erreichung. Demnach müsste die Überschrift „Ich mag meinen Ärger" umformuliert werden in „Ich mag meine Ziele".

Wir lassen nur den Ärger los und beschäftigen uns intensiv mit unseren Zielen und klären, wie wir sie realisieren können.

c) Aber ich bin doch im Recht

Wieso soll ich aufhören, mich zu ärgern? Ich darf mich doch ärgern, der andere hat doch etwas falsch gemacht!

Ja, das ist sogar sehr häufig der Fall. Der andere ist vielleicht wirklich mit seinen Aktionen, seinem Verhalten oder Äußerungen an unserem Ärger „schuld", und ich ärgere mich. Der andere fährt tatsächlich zu schnell oder zu langsam, das Kind macht seine Hausaufgaben wirklich nicht, die Kollegin vergisst nachweislich, mich zu informieren, der Nachbar hat trotz unserer Bitten seinen Müll nicht getrennt.

Der erste Anflug von Ärger ist für mich normal und okay, weil der Ärger mich erst einmal informieren muss, dass etwas, was mir wichtig ist, nicht erfüllt zu sein scheint. Ich ärgere mich auch noch, wenn ich durch den Prozess der Ärger-Klärung gehe: Habe ich hier die Ärger-Erlaubnis, welchen Ärger-Wunsch verfolge ich wirklich und wo sitze ich fest? Aber dann muss ich irgendwann an einen Punkt kommen, wo ich mich nicht mehr ärgere.

Ich bin vielleicht auch nach der Klärung mit dem Ärger-Anlass nicht einverstanden und verfolge andere Ziele. Aber ich ärgere mich nicht mehr. Vielleicht bin ich einfach nur traurig.

Auch wenn der andere etwas macht, was den Normen, Vorschriften, Absprachen tatsächlich nicht entspricht, dann ist es keine Lösung, in seinem Ärger über einen längeren Zeitraum sitzen zu bleiben. Das tut uns nicht gut und unserer Umgebung auch nicht.

Sollte trotz aller Klärungen, dem Verständnis für andere und den eigenen Bemühungen ein Ärgernis dauerhaft bestehen bleiben und belasten, dann muss man vielleicht eine einschneidende Entscheidung treffen. Wo und wie möchte ich leben, arbeiten oder wohnen? Recht haben hin oder her.

Auch hier hilft die Ärger-Klarheit.

d) Ärger als Gesprächsstoff

Der eigene Ärger liefert uns täglich eine ganze Menge Gesprächsstoff. Unsere Vorstellungen, Ziele oder Wünsche werden schließlich nicht erreicht und wir haben das Bedürfnis, darüber zu reden. Wir müssen unserem Ärger Luft machen oder die eigenen Gedanken sortieren. Wir artikulieren, was uns nicht gefällt, um diesen misslichen Zustand zu adressieren und abzustellen. Das ist auch völlig normal und sehr wichtig.

Es kann jedoch auch zu einem Selbstzweck werden. Der Ärger kann der einzige Gesprächsstoff sein, den wir haben, oder das Einzige, was uns mit jemand anders verbindet. Also ärgern wir uns kräftig über die Kinder, die Partner, die Männer, die Frauen, die Lehrer, das Bildungssystem, die anderen Vereinsmitglieder, den Straßenverkehr, die Politik. Wenn ich nichts zu sagen habe, dann kann ich immer über etwas reden, was mich ärgert. Sich aufzuregen und zu ärgern kann zum Lückenfüller oder für manche Menschen sogar zum Lebensinhalt werden.

Wie geht es dir? Gut, aber ich ärgere mich gerade über Hinz und Kunz ...

Ärger als Gesprächsstoff. Wie das Wetter, über das man sich immer ärgern kann, wenn man möchte: zu heiß, zu kalt, zu schwül, zu trocken, zu nass.

ÜBUNG

Streichen Sie gedanklich alle Gesprächsbeiträge, die nicht dem inhaltlichen Austausch dienen, sondern reinen Gesprächsstoff darstellen. Wie viel Zeit würde dadurch freigesetzt werden? Wie viel Gift würde aus den Konversationen verschwinden? Wenn Sie merken, dass bei Ihnen oder Ihrem Gegenüber Ärger einen reinen Gesprächsstoff darstellt, wechseln Sie einfach das Thema.

*

e) Ärger als Verbindung

Wollen wir uns immer weiter ärgern, weil wir mit einer bestimmten Person in Verbindung bleiben möchten?

Wenn wir in einer Beziehung im Ärger festsitzen, dann sind wir über den Ärger mit der anderen Person verbunden. Piratengleich haben wir uns mit Enterhaken an dem Leben des anderen festgemacht und ärgern uns. Wir lassen nicht locker. Wir sind in Verbindung.

Eine Beziehung, die vielleicht für beide Seiten sehr anstrengend ist, aber immerhin ist man in Beziehung. Das kann der Ärger über erwachsene Kinder sein oder über einen Vorgesetzten. Gerne hängen wir zum Beispiel über einen neuen oder unglaublich alten Ärger-Anlass an unseren Eltern fest oder an einem Ex-Partner. Wir lassen weder die Eltern los, die vielleicht gar nicht mehr leben, noch den Ex-Partner, von dem wir schon lange getrennt sind. Solange wir uns über etwas in der Beziehung ärgern, fühlen wir uns mit dieser Person verbunden. Die Beziehung fühlt sich lebendig an, auch wenn die andere Seite gar nichts mehr in diese Beziehung investiert oder nicht mehr lebt.

Eine Ärger-Beziehung können wir ganz einseitig aufrechterhalten. Der andere weiß vielleicht gar nicht, dass wir uns bei ihm festgesetzt haben. Manchmal trifft man alte Bekannte oder Klassenkameraden, die einem sagen, sie hätten sich jahrelang über dies oder das, was man mal gesagt oder getan hat, aufgeregt. Man selbst ist sich gar nicht bewusst, dass man dem anderen mal einen Ärger-Anlass geliefert hat.

Dass Ärger eine Art von Verbindung darstellt, merkt man auch daran, dass, wenn man den Ärger loslässt und seine Enterhaken zurücknimmt, auf einmal eine Leere entstehen kann. Man spürt förmlich, dass man die (Ärger-)Verbindung getrennt hat und die andere Person – und sich selbst – freigelassen hat.

Diese Leere oder dieses Vakuum kann man nun mit schönen Dingen füllen, wenn einem die Beziehung zu dieser Person wirklich wichtig ist.

ÜBUNG

Haben Sie sich irgendwo mit Ihren Enterhaken festgemacht? Halten Sie über einen Ärger-Anlass an einer Beziehung fest und wollen in Verbindung bleiben? Wenn ja, dann gehen Sie durch die Ärger-Klärung. Schauen Sie, was übrig bleibt und ob Sie diese Beziehung aufrechterhalten und mit schönen Dingen füllen möchten.

*

f) Wieso immer ich?

Wir sehen ein, dass jeder für sich seinen Ärger klären muss. Aber warum müssen immer wir damit anfangen? Warum sollen wir die Klärungsarbeit leisten? Der andere, der den Ärger-Anlass verursacht, könnte sich ja auch mal mit seinen Ärger-Themen beschäftigen.

Regt sich bei Ihnen manchmal innerer Widerstand, weil Sie immer die Person sind, die an sich arbeitet und nach Lösungen sucht? Sie versuchen alles, um sich von den Ärger-Haken zu befreien, und der andere macht weiter wie bisher? Was ist mit dem Partner, den erwachsenen Kindern, den Freundinnen, den Kollegen und Vorgesetzten? Könnten die sich nicht auch ein bisschen anstrengen, schließlich lösen die den Ärger meistens aus?

Diese Gedanken und Zweifel werden immer mal wieder aufkommen und sollten ernst genommen und betrachtet werden. Ob ich mich weiter ärgere oder mir die Arbeit mache, in die Ärger-Klärung zu gehen, beantworte ich mir im Einzelfall mithilfe folgender Fragen:

1. Mit welcher Vorgehensweise geht es mir persönlich besser?
2. Mit welcher Vorgehensweise komme ich meinem Ziel näher?
3. Welche Vorgehensweise ist besser und hilfreicher für die Beziehung, in der der Ärger auftritt?

Wenn Sie an der eigenen Initiative zweifeln, beantworten Sie für sich die drei Fragen.

7.3 Wunsch nach Ärger-Freiheit

Das Wichtigste ist für mich der *Wunsch*, sich nicht mehr so viel oder so intensiv zu ärgern. Vielleicht gibt es bestimmte Personen oder Themen, über die wir uns immer wieder ärgern, und wir möchten dies nicht mehr. Aus welchem Grund auch immer. Weil es anstrengend ist, Zeit kostet, uns blockiert oder wir ohne diesen Ärger ein so viel gelasseneres und glücklicheres Leben führen könnten. Manchmal kommen wir an den Punkt, wo wir spüren: Jetzt ist Schluss, ich mag das so nicht mehr.

Allein unser Wunsch, sich nicht mehr über etwas ärgern zu wollen, verändert alles. Stellen Sie sich vor, Sie möchten sich nicht mehr über Ihre Arbeitskollegen oder Vorgesetzten ärgern. Sie möchten sich nicht mehr über Ihre Partner, Kinder, Freunde, Familie oder Nachbarn aufregen.

Wenn wir den Willen haben, aus dem Ärger auszusteigen oder uns im Allgemeinen weniger zu ärgern, dann können die Dinge langsam anfangen, sich zu ändern. Stellen Sie sich vor, Sie gehen seit Jahren ins Büro und ärgern sich jeden Tag darüber, dass Ihr Vorgesetzter nicht so ist, wie Sie ihn sich wünschen. Jetzt beschließen Sie kurzerhand, sich nicht mehr ärgern zu wollen. Ab jetzt gehen Sie jeden Morgen mit dem Gedanken ins Büro, sich nicht zu ärgern. Schon hat sich der Fokus geändert und Sie werden offen dafür, Dinge anders wahrzunehmen und anders zu reagieren.

Wir müssen den täglichen Ärger nicht als notwendiges Übel hinnehmen. Wir können etwas unternehmen. Wir können unseren Ärger näher betrachten und ihm zuhören. Allein mit unserem Wunsch nach Ärger-Freiheit vollziehen wir die Wende vom Beschuldigen und Rechtfertigen hin zur Selbstreflexion. Wir verlassen das Negative und suchen das Positive. Mit dem Wunsch, den Ärger zu verlassen, öffnen sich unbemerkt neue Türen. Mit dem Wunsch an sich fangen wir schon an, uns zu entspannen.

ÜBUNG

Wenn Sie auf Ihre Ärger-Liste schauen: Wo sitzen Sie schon lange im Ärger fest? Bei welchen Personen haben Sie sich schon an eine Ärger-Beziehung gewöhnt? Können Sie sich bei diesen Personen wünschen, aus dem Ärger auszusteigen? Wenn dies schwerfallen sollte: Sagen Sie sich selbst immer wieder, dass Sie eigentlich gerne mit dieser Person ärger-frei arbeiten oder leben möchten. Auch wenn Sie innerlich davon noch nicht richtig überzeugt sind. Geben Sie dem Wunsch nach Ärger-Freiheit eine Chance und den Raum, sich zu entwickeln. Immer wieder, bis er eines Tages von ganz alleine entsteht.

*

7.4 Ärger-Hygiene

Ärger-Klärung ist für mich wie Zähne putzen eine tägliche Routine. Wenn sich etwas festgesetzt hat, dann mache ich es sauber. Wenn Ärger an mir klebt, dann beschäftige ich mich damit, versuche es zu klären und die Klebe zu lösen. Damit ist es für mich wieder in Ordnung und ich kann meine Zeit, Aufmerksamkeit und Energie anderen Dingen im Leben widmen.

Hygiene deswegen, weil wir dann mit allem und vor allem mit uns selbst im Reinen sind. Es ist ein ständiges Fegen vor der eigenen Haustür. Wenn es dort sauber ist, dann sind wir frei von Ärger und gelassen.

Das gelingt nicht sofort und gleich, sondern bedarf der Übung. Es ist wie Fitnesstraining. Am Anfang denkt man, man hätte gar nicht die Muskeln, die für die Übung verlangt werden. Mit der täglichen Anwendung entwickeln sich diese dann doch, und irgendwann fällt es sogar leicht. Am Ende des Prozesses wenden wir die Schritte unbewusst und von ganz alleine an und stellen die richtigen Fragen.

Im Gegensatz zum körperlichen Fitnesstraining bleibt uns das, was wir mal über uns und unseren Ärger gelernt haben, für immer erhalten. Man kann es nicht mehr verlernen. Es wird immer in unserem Hinterkopf sitzen und uns sagen, dass wir Dinge auch anders machen könnten.

Wie viele Jahre haben Sie sich schon geärgert? Wie viele Jahre begleiten uns schon bestimmte Ärger-Themen? Wie lange wenden wir schon bestimmte Ärger-Strategien an, mit mal mehr und mal weniger Erfolg? Diese Verhaltensweisen lassen sich nicht durch eine einmalige Anwendung des Ärger-Prozesses überschreiben. Dafür müssen wir den neuen Prozess immer wieder anwenden. Es ist ein neuer Weg, den wir beschreiten. Wie im hohen Gras oder tiefen Schnee sind die ersten Schritte sehr beschwerlich, ungewohnt und anstrengend. Je öfter wir die Ärger-Klärung anwenden und je besser uns dieser neue Weg gefällt, desto öfter werden wir ihn gehen. Bis er so breit und fest ist, dass wir uns mühelos darauf bewegen.

Es lohnt sich, sich auch kleine und unwichtige Ärger-Themen anzuschauen und zu klären. Hinter den unwichtig erscheinenden kleinen Ärger-Anlässen können sich wichtige Themen und Herzenswünsche verbergen. So wie die viel zitierte offene Zahnpastatube oft für das Bedürfnis steht, dass man unsere Wünsche respektiert oder uns in unseren Anliegen unterstützt.

Bei unseren Ärger-Anlässen können sich bestimmte Muster herauskristallisieren. Dinge, die uns besonders schwerfallen (etwa: *extern Gegebenes* loslassen), oder Ärger-Haken, an denen wir uns gerne festhalten (etwa: ICH-Fokus oder urteilen). Wenn es uns gelingt, durch die Ärger-Klärung Annahmen zu unterbinden, *extern*

Gegebenes und *deinen* Bereich loszulassen und einen Ärger-Haken zu lösen, dann werden damit alle Ärger-Anlässe geklärt, die dem gleichen Muster folgen. Anstatt also unzählige große und kleine Ärger-Themen zu bearbeiten, reichen schon einige wenige aus, um ganze Ärger-Bereiche aufzulösen. Es ist wie bei dem Spiel Minesweeper oder Tetris: Wenn wir einen Schritt sehr erfolgreich setzen, dann verschwinden auf einen Schlag ganze Felder.

Mit der täglichen Ärger-Hygiene fallen immer mehr Ärger-Anlässe weg, die Ärger-Intensität nimmt ab und die Ärger-Dauer verringert sich. Die Zeiträume, in denen wir gelassen sein können, werden immer größer.

7.5 Aus Rückfällen lernen

Gerade am Anfang mag es uns nicht gelingen, Dinge anders zu machen. Das, was wir tun, stattdessen zu lassen, will auch erst mal umgesetzt werden. Wir werden die gleichen alten Ärger-Strategien anwenden, beschuldigen und rechtfertigen und uns in den Bereich anderer Menschen einmischen. Aber das macht nichts. Das Wichtigste ist der *Wille*, sich mit dem Ärger zu beschäftigen und Ärger-Situationen zu reflektieren.

Am Anfang steht das Bewusstsein, den Ärger zu erkennen. Es reicht aus, wenn Sie es schaffen, die Ärger-Situationen zu identifizieren und vielleicht sogar auf einer Liste festzuhalten. Sie können einen Ärger-Anlass auch immer im Nachgang ganz in Ruhe reflektieren: Worum ging es mir da eigentlich, hatte ich die Ärger-Erlaubnis, hätte ich etwas loslassen können?

Wir können Ärger-Situationen auch noch Jahre nach deren Entstehung reflektieren und klären. Dies gilt auch, wenn sich in der Zwischenzeit die Situation geändert hat oder die betroffene Person nicht mehr lebt. Weil es immer mit uns zu tun hat. Weil wir noch da sind, können wir es auch klären. Wir können den anderen dann zwar nicht mehr fragen und müssen uns mit Mutmaßungen zufriedengeben, aber es geht.

Da es nur ein Hier und Jetzt gibt, haben wir jeden Tag die Chance, etwas anders zu machen. Wenn wir uns gestern über eine bestimmte Situation geärgert haben, dann können wir heute entscheiden, uns nicht zu ärgern. Wenn wir gestern noch auf unser Recht gepocht haben, können wir heute entscheiden, die Meinung des anderen stehen zu lassen. Wir können jeden Tag aufs Neue von vorne anfangen. Dafür ist es nie zu spät. Weil es nur heute gibt. Was uns gestern nicht gelungen ist, spielt für heute keine Rolle. Ich nenne es den Reset-Button. Wir können jeden Tag alles löschen und von vorne anfangen. Mit jedem neuen Versuch wird es uns besser gelingen.

ÜBUNG

Ich lade Sie ein, sich diesen Reset-Button bildlich vorzustellen und ihn jeden Morgen zu drücken. Gehen Sie frisch und unbeschwert in den Tag mit dem Wunsch, sich heute weniger zu ärgern. Wenn das nicht ausreicht, dann packen Sie eine Handvoll Gutscheine in Ihre Taschen, die Sie an Ärger-Verursacher verteilen: Sie dürfen heute falsch parken, Sie dürfen mich kurz nerven, Sie dürfen mich jetzt bei meiner Arbeit stören etc.

*

7.6 Ärger verfliegt nicht immer sofort

Auch wenn wir sehr geübt sind in der Ärger-Klärung, wird der Ärger vielleicht nicht sofort verfliegen. Es sei denn, es gelingt uns, den Ärger-Anlass gleich nach seiner Entstehung als etwas *extern Gegebenes* oder als *deinen* Bereich vollständig loszulassen.

Normalerweise müssen wir aber erst den Ärger-Anlass filtern, den Ärger-Wunsch genau ergründen und dann überprüfen, ob wir vielleicht noch irgendwo an einem Ärger-Haken festsitzen. Dieser Prozess braucht seine Zeit, und währenddessen bleibt der Ärger bestehen und wartet geduldig auf uns und das Ergebnis unserer Ärger-Klärung.

Für mich ist das völlig in Ordnung, wenn man sich in der Klärungsphase noch ärgert. Schließlich sind die Suche nach dem eigentlichen Ärger-Wunsch und die eigene Positionsbestimmung bei den Ärger-Haken nicht trivial. Wir gehen in die Selbstreflexion, stellen Hypothesen auf, prüfen sie und verwerfen sie vielleicht wieder, nur um noch einmal neu zu klären. Wir lernen dabei sehr viel über uns und gewinnen eine neue Klarheit.

Wenn manche Ärger-Muster sich bereits über Jahre etabliert haben, dann muss man auch dem Prozess, diese zu lösen, den notwendigen Raum geben und etwas Geduld mitbringen. Wichtig ist neben dem Wunsch, sich nicht mehr zu ärgern, das tatsächliche Anwenden des Anti-Ärger-Prozesses. Wenn wir immer wieder hingucken, immer wieder reflektieren, immer wieder versuchen, etwas loszulassen oder zu klären, dann werden die Dinge in Bewegung geraten. Das verspreche ich.

Also wundern Sie sich nicht, wenn Sie sich mit einem Ärger-Anlass auseinandersetzen und der Ärger noch nicht gehen möchte. Wenn Sie ihn geklärt haben, dann wissen Sie, womit Sie ihn wegschicken können. Nach dem Motto: „Geh weg, das betrifft mich doch gar nicht, das kann der andere in seinem Bereich frei entscheiden."

Wenn ich mich ärgere, dann informiere ich meine Umgebung: Ich ärgere mich gerade und befinde mich in der Ärger-Klärung. Bitte gebt mir etwas Zeit.

7.7 Anderen helfen

Wir klären unseren Ärger, der andere klärt seinen. Obwohl das jeder für sich tun muss, können wir uns dabei gegenseitig unterstützen.

Alles, was wir im Ärger-Bewusstsein über uns lernen, lernen wir gleichzeitig über unsere Mitmenschen, auch wenn wir Dinge teilweise sehr unterschiedlich empfinden und erleben. Wenn wir sehen, dass sich jemand ärgert, dann wissen wir, dass diese Person in diesem Moment nicht glücklich ist, weil die eigenen Vorstellungen nicht erfüllt werden. Wenn uns zum Beispiel jemand in einer Besprechung anschreit, dann wissen wir, dass diese Person um Hilfe ruft. Wer sich ärgert, ist gerade mit einem Thema beschäftigt, das nicht so läuft wie geplant. Diese Person kämpft gerade mit sich selbst und ihrer Umgebung.

Wie können wir anderen in einer Ärger-Situation helfen?

Es hilft ihnen bereits, wenn wir ihren Ärger sehen, anerkennen und ihn nicht persönlich nehmen. Es ist nicht unser Ärger, sondern der einer anderen Person. Wir lassen ihr das Recht und die Freiheit, sich zu ärgern. Es scheint etwas zu geben, was ihr sehr wichtig ist.

Auf der anderen Seite sind auch wir frei. Wir brauchen uns nicht an dem Ärger-Geschehen zu beteiligen, denn es ist ja nicht unser Ärger. Befreien Sie sich von allen Ärger-Geschichten, die nicht Ihr Ärgernis sind. Lösen Sie sich von dem Ärger der anderen, ohne sich abzuwenden. Wenn wir ihnen helfen wollen, müssen wir präsent und aufmerksam sein.

Auch wenn der Ärger des anderen nicht unsere Angelegenheit ist, müssen wir unbedingt überprüfen, ob wir vielleicht der Anlass sind oder irgendwie zu der Ärger-Situation beigetragen haben. Wenn ja, dann haben wir sehr wohl mit dem Ärger des anderen zu tun und müssen in den Austausch gehen. Haben wir die Situation irgendwie erschwert? Können wir etwas tun, was hilfreich ist?

Auch wenn wir nichts mit der Ärger-Situation zu tun haben, können wir dem anderen helfen, Klarheit in sein Ärger-Thema zu bringen, indem wir von unserer Seite aus dem Prozess der Ärger-Klärung folgen. Diese Hilfestellung können wir in all unseren Beziehungen leisten: bei unseren Partnern, unseren Kindern, in der Familie, mit Freunden, Nachbarinnen, im Supermarkt, im Büro, im Restaurant. Wir können dem Klärungsprozess folgen und den anderen einfache Fragen wie diese stellen:

Ärger-Filter

Was ärgert Sie denn? Ist das extern gegeben? Können Sie das ändern? Wollen Sie das ändern? Wer ist dafür zuständig? Wer entscheidet das? In wessen Bereich fällt das? Was haben Sie damit zu tun?

Ärger-Wunsch

Was ist Ihnen wichtig? Was möchten Sie erreichen? Was würden Sie gerne verändern? Was würde die Situation entspannen? Wann wäre die Ärger-Situation für Sie okay? Welche Maßnahmen würden helfen?

Ärger-Haken

Falls der Ärger mit diesen Fragen nicht langsam nachlässt und die Lage sich nicht entspannt, dann hängt der andere vielleicht an einem Ärger-Haken fest. Auch da können wir mit neugieriger Anteilnahme und echtem Interesse helfen:

ICH/DU-Regler

Wie sehen Sie das? Wie sieht es der andere? Wissen wir, wie es auf der anderen Seite aussieht? Wissen wir, was die anderen sich vorgestellt haben? Treten wir anderen auf die Füße? Sollten wir den anderen etwas entgegenkommen?

Zu-viel/Zu-wenig-Skala

Müssten oder wollen Sie mehr machen? Haben Sie das kommuniziert? Welche Möglichkeiten haben oder sehen Sie noch? Müssten Sie sich etwas zurücknehmen und den anderen mehr Bedeutung beimessen und Raum geben?

Urteilsknopf

Was ist, wenn Sie falschliegen und der andere in Teilen recht hat? Wenn Sie sich geirrt haben? Sind Sie völlig sicher oder wollen Sie das noch einmal überprüfen? Wer kann da helfen? Wissen Sie das besser oder wollen Sie noch andere dazu befragen? Haben Sie alle einbezogen, die betroffen sind?

Kontoführung

Steht Ihnen das wirklich zu? Schulden die anderen Ihnen etwas? Welche Forderungen stellen Sie hier? Wie sehen das vielleicht die anderen? Müssten Sie Ihrerseits mehr machen?

Schein oder scheinen

Um was geht es hier eigentlich? Ist das wichtig, was die anderen denken? Was wissen Sie, wie es wirklich ist? Welche Realität gilt es zu akzeptieren?

Ärger-Prävention

Kennen Sie Ihr Gegenüber? Haben Sie sich mit den anderen schon dazu ausgetauscht? Sollen wir ein Meeting ansetzen? Wäre es hilfreich, die anderen einzubeziehen? Wie wäre es mit einem persönlichen Treffen?

Wir können der anderen Person dabei helfen, in die Beziehung mit anderen zu gehen oder an einer Beziehung zu arbeiten. Vielleicht können wir die ersten Schritte einleiten und der Beziehung ab und zu ein paar Impulse geben, ohne dem anderen die Eigenverantwortung zu nehmen.

Anderen zu helfen bedeutet, ihnen dabei behilflich zu sein, Klarheit in den eigenen Ärger-Nebel zu bringen. Es bedeutet nicht, dass wir ihnen sagen, was sie tun oder lassen sollen. Es hilft dem anderen auch nicht, wenn wir mutmaßen, dass er oder sie an einem bestimmten Ärger-Haken festhält. Erstens liegen wir im Zweifel mit unseren Annahmen falsch, und zweitens nützt dem anderen nur die eigene Erkenntnis etwas. Wir können unsere Erkenntnisse nicht auf andere übertragen. Wenn wir wissen, wie es sich anfühlt, an einem Haken festzuhängen, und wie es ist, sich davon zu befreien, dann kann der andere mit dieser Erfahrung gar nichts anfangen. Er muss sie selbst machen und seinen eigenen Weg finden.

Wir können andere bei ihrer Ärger-Klärung nur begleiten und versuchen, mit gutem Beispiel voranzugehen. Wir können durch unsere Sprache und unsere Fragen anderen diese Struktur vermitteln. Wir können klar unseren Ärger formulieren: „Ich ärgere mich gerade darüber, dass … / Ich wünsche mir, mir wäre wichtig, dass …". Wir können kundtun, was wir loslassen, weil wir nicht zuständig sind, was uns wichtig ist, was wir erreichen möchten und wo wir vielleicht festhängen. Unsere Umgebung wird diese Sprache aufnehmen und sich nicht mehr wundern, wenn die Frage gestellt wird, was man eigentlich mit dem Ärger-Thema zu tun hat und worum es einem eigentlich geht.

8. Ausblick

8.1 Ärger-Klärung in unseren Beziehungen

Ärger kann in allen Beziehungen auftreten, weswegen ihm eine so große Bedeutung zukommt. Da unser Leben immer in Beziehung stattfindet, und sei es nur in der Beziehung zu uns selbst, kann der Ärger uns überall begegnen. Wenn wir genau hinschauen, dann finden wir unzählige Beispiele in unserem Privatleben, im Arbeitsleben, im gesellschaftlichen Leben.

Der Ärger belastet durch seine vielen negativen Begleiterscheinungen unsere Beziehungen. Wenn mithilfe des Anti-Ärger-Prozesses Ärger-Anlässe losgelassen oder geklärt werden können, dann kommt das unseren Beziehungen und damit allen um uns herum zugute.

Die wichtigste Beziehung ist die zu uns selbst. Je größer die Klarheit über uns selbst, desto leichter und kompetenter können wir den Ärger in unseren Beziehungen mit anderen klären. Wenn wir im ICH bewusst und sicher verankert sind, dann können wir wesentlich kompetenter auf die andere Person eingehen. Die Ärger-Klarheit ist uns dabei behilflich.

Wenn wir den Anti-Ärger-Prozess konsequent anwenden, dann werden unsere Beziehungen immer klarer und ärger-freier:

- Die Beziehung mit uns selbst (ich ärgere mich über mich!)
- Die Beziehung mit unserem Partner
- Die Beziehung mit unseren Kindern
- Die Beziehung mit Mitarbeitern und Kolleginnen
- Die Beziehung mit Vorgesetzten

Dies gilt auch für jede andere Beziehung, ob mit anderen Familienmitgliedern, Nachbarn, Freundinnen, Verkehrsteilnehmern etc.

Wir können uns individuell mit unserem Ärger auseinandersetzen oder auch als Gruppe. Das ergibt für mich überall dort Sinn, wo Menschen in der gleichen Lebensphase sind und sich mit ähnlichen Herausforderungen auseinandersetzen. Im Privatleben zum Beispiel als Eltern oder nach einer Trennung oder Scheidung.

Auch innerhalb eines Unternehmens oder einer Organisation kann es hilfreich sein, sich gemeinsam mögliche Ärger-Situationen anzuschauen. Weil man täglich ähnlichen Ärger-Anlässen ausgesetzt ist oder sich eine bestimmte Ärger-Kultur etabliert hat. Gerade in der Arbeitswelt gibt es unzählige gemeinsame Ärger-Trigger und Ärger-Situationen. Ob das die Kundin ist, die als schwierig gilt, der Mitarbeiter, der die erforderliche Leistung nicht erbringt, oder die Arbeitgeberin, die wieder ein neues System über Nacht eingeführt hat.

Ein weiterer Bereich, der viele Ärger-Anlässe kennt, ist der Bildungsbereich. In dieser klassischen Dreieckskonstellation arbeiten drei Parteien (Lehrer und Lehrerinnen, Eltern, Kind) zusammen mit dem Ziel, dass eine Partei davon, nämlich das Kind, etwas lernt. Bei diesen unterschiedlichen Interessen und Persönlichkeiten, die täglich aufeinandertreffen, können immer wieder Ärgernisse auftreten. Von vielen Lehrerinnen und Kindergärtnern höre ich, dass sie ihren Beruf lieben, aber auf die vielen kleinen täglichen Ärger-Situationen verzichten könnten. Hier kann der Anti-Ärger-Prozess Klarheit und Gelassenheit in die Beziehungen und die Zusammenarbeit bringen.

In diesen wichtigen Lebensbereichen und engen Beziehungen kann man sehr gut gemeinsam durch die einzelnen Schritte des Anti-Ärger-Prozesses gehen, angefangen beim Ärger-Bewusstsein:

- Ärger-Themen
  - Was sind typische alltägliche Ärger-Anlässe?
- Ärger-Strategien
  - Welche Strategien verfolgen wir bisher?
- Ärger-Filter
  - Gibt es Annahmen, die wir treffen?
  - Was ist *extern gegeben* und kann nicht von uns verändert werden?
  - Was fällt in *deinen* Bereich, wo müssen wir Freiraum lassen?
- Ärger-Wunsch
  - Was fällt in unseren Bereich, was hat das mit uns zu tun?
  - Was wünschen wir uns eigentlich, wo wollen wir hin?
- Ärger-Haken
  - Wo stecken wir im ICH-Fokus oder DU-Fokus fest?
  - Wo machen wir zu viel oder zu wenig?
  - Wo urteilen wir und fühlen uns überlegen / unterlegen?
  - Wo führen wir unbewusst Listen und Konten?
  - Wo versuchen wir, einen Schein aufrechtzuerhalten?
  - Wo wollen wir scheinen?

- Ärger-Prävention
  - Wie lebendig sind unsere Beziehungen, welche müssen wir weiter füllen und beleben?

Der Anti-Ärger-Prozess kann in der Gruppe zu neuem Bewusstsein und neuer Klarheit führen. Vielleicht können Grenzen neu gezogen und Ziele mithilfe der Ärger-Haken angepasst werden. Als Eltern, als ehemalige Partner, als Erzieherinnen, Lehrer oder Arbeitskolleginnen.

Für ein besseres gegenseitiges Verständnis und ärger-freies Miteinander.

8.2 Ärger-Klärung in unserer Gesellschaft

Egal, in welcher Beziehung Ärger auftritt, er ist teuer und kostet uns Zeit und Energie. Darüber hinaus kann er sich auf unser Umfeld auswirken und unsere Familie oder unser Arbeitsleben negativ beeinflussen. Die Auswirkungen und Kosten des Ärgers für die Gesellschaft in Form blockierter Zeit und Energie, suboptimaler Kommunikation, fehlender Einigung, ineffizienter Zusammenarbeit und verringertem Austausch müssen enorm sein.

Die Arbeitswelt bekommt das zusätzlich über einen erhöhten Krankenstand zu spüren, der auf das Thema Ärger zurückzuführen ist. „Ärger macht krank", heißt es, eine Aussage, die ich aus meinen zahlreichen Anti-Ärger-Kursen nur bestätigen kann. Viele Teilnehmende berichten über körperliche Beschwerden als Folge einer lang anhaltenden oder kritischen Ärger-Situation.

Zu einem gesunden Körper gehört eben auch ein gesunder Geist, und das heißt für mich, sich weniger zu ärgern.

Ich würde mich sehr freuen, wenn Ärger als Thema in unserer Gesellschaft mehr Beachtung finden würde. Ich fände es toll, wenn Ärger-Verhalten mit seinen Kollateralschäden nicht mehr geduldet würde – ob in der Arbeitswelt oder im Privatleben.

Ich wünsche mir, dass wir *extern Gegebenes* schneller loslassen können und flexibler werden, sofern wir das, was uns stört, nicht verändern können oder möchten.

Ebenso sehe ich in der konsequenten Abgrenzung von *meinem* Bereich und *deinem* Bereich die Möglichkeit, allen Beteiligten mehr Freiraum zu geben, sodass sich Potenziale auf beiden Seiten der Grenzen entfalten können.

Ich wünsche mir eine aktive Auseinandersetzung mit dem Ärger-Thema, um von Ärger zu lernen und Ziel-Klarheit zu erlangen. Welche Wünsche verbergen sich hinter einem Ärgernis, die ernst genommen werden wollen (Ärger-Wunsch)? Wo vergeuden wir individuell oder als Gesellschaft Zeit und Energie mit Zielen, die einer Ärger-Prüfung nicht standhalten (Ärger-Haken)?

Ich fände es toll, wenn wir nicht bei dem Gefühl „Ich ärgere mich" stehen blieben, sondern weitergingen und die Chancen, die der Ärger uns bietet, bewusst und aktiv nutzen würden. Wenn wir die negative Energie und zerstörerische Kraft, die der Ärger mit sich bringen kann, in eine positive Energie verwandeln würden. Wenn unsere Ziele uns inspirieren und anfeuern würden und nicht der Ärger.

Ich würde gerne in einer Gesellschaft leben, in der die Fähigkeit gefordert und gefördert wird, sich mit seinem Ärger konstruktiv auseinanderzusetzen und ihn zu klären. Mithilfe dieser Kompetenz könnten wir im Arbeitsleben und Privatleben anders, gelassener und zielgerichteter miteinander umgehen und diese Fähigkeit an unsere Kinder weitergeben.

Für eine ärger-freiere und gesündere Zukunft, zu der wir alle jederzeit unseren eigenen Beitrag leisten können.

Über die Autorin

Barbara Gerhards ist seit mehr als zehn Jahren selbstständig als Coachin, Trainerin und Speakerin mit Fokus auf Ärger-Management, Konfliktmanagement und Mindset Change tätig. Sie ist zertifizierte Coachin von CTI (The Coaches Training Institute) und akkreditiert von der International Coach Federation ICF (PCC). Der friedliche Umgang miteinander ist ihre Leidenschaft.

Als Diplom-Volkswirtin mit 20 Jahren Berufserfahrung bei der Deutschen Lufthansa AG und der RWE AG ist sie mit beruflichen Herausforderungen bestens vertraut. Sie hat in vielen verschiedenen Ländern (USA, Afghanistan, Deutschland, Schweden, Chile, Dubai [VAE]) gelebt und gearbeitet und musste sich ständig auf eine neue Umgebung, Tätigkeit, Sprache und Kultur einstellen. Die Herausforderungen im privaten Umfeld als Partnerin und Mutter von zwei Söhnen kennt sie ebenfalls. Der eigene Ärger war auf all diesen Wegen ein bekannter Begleiter, bis sie sich dank ihrer zahlreichen Coaching-Erfahrungen davon befreien konnte.

Unter der Marke „AntiÄrger Akademie" bietet sie deutschlandweit AntiÄrger-Kurse, Webinare, Coaching und Vorträge für Privatpersonen, Unternehmen, Erzieher:innen, Lehrer:innen und Eltern an. Die Kurse basieren dabei auf dem von ihr entwickelten dreistufigen Ärger-Klärungs-Prozess, der in diesem Buch beschrieben wird.

↗ www.anti-ärger.com

antiärger
AKADEMIE

antiärger
AKADEMIE

AntiÄrger für Unternehmen

AntiÄrger Beruflich & Privat

AntiÄrger für Eltern

AntiÄrger in Trennung

Wählen Sie das AntiÄrger Angebot, das zu Ihrer Ärger-Situation passt.

WWW.ANTI-ÄRGER.COM | ANTIAERGER@GMAIL.COM

Selbstakzeptanz statt Selbstoptimierung

Doris Iding

Ganz bei mir

Das Journal für mehr Ruhe und Gelassenheit

Wäre es nicht schön, wenn wir wieder mehr bei uns selbst und unseren Bedürfnissen ankommen könnten, statt äußeren Idealen hinterherzulaufen? In diesem Journal werden Aspekte wie Selbstmitgefühl, innere Entwicklung, Inspirationen, Dankbarkeit und Achtsamkeit in Form von Impulsen und Übungen vermittelt und regen den Leser dazu an, der eigenen inneren Stimme wieder mehr zu vertrauen.

- Selbstreflexionsübungen unterstützen dabei, den eigenen Weg klarer zu sehen.
- Meditationen beschreiben, wie es möglich wird, den inneren Kompass zu finden.
- Wochen-, Monats- und Jahresreflexionen helfen bei der Umsetzung.
- Es gibt Raum für kleine Inspirationen und große Visionen.
- Erkenntnisse aus der Hirnforschung, dem Buddhismus und der Positiven Psychologie sind integriert.
- Inklusive mp3-Meditationen.

Doris Iding ist Meditations-, MBRS-, Achtsamkeits- und Yogalehrerin. Sie arbeitet als Seminarleiterin und gibt Achtsamkeitsseminare in Firmen und mit Privatpersonen.

ca. 192 Seiten, kart. • ca. € (D) 19,00 • ISBN 978-3-95571-889-3

PRAXIS KOMMUNIKATION

Das Magazin für Profis. Und solche, die es werden wollen.

- Für Coaches, Trainer, Berater und alle, die in der Weiterbildung tätig sind.
- Für Studenten und Auszubildende, die wissen möchten, was in Training und Beratung geschieht.
- Für alle, die aus der Praxis für die Praxis lernen möchten. Veränderungsarbeit pur!

PK gibt's nur im Abo unter www.junfermann.de

Wie das Leben gelingt

Melanie Hausler
Glückliche Kängurus springen höher
Impulse aus Glücksforschung und Positiver Psychologie

Dr. Melanie Hausler ist Klinische und Gesundheitspsychologin, Trainerin für Positive Psychologie, Glücksforscherin an der Medizinischen Universität Innsbruck und in freier Praxis tätig.

Was macht Menschen glücklich? Wie lassen sich die persönlichen Stärken für ein zufriedenes und erfolgreiches Leben nutzen? Wie lässt sich Stress effektiv bewältigen und was kann jeder selbst zu seinem Wohlbefinden beitragen? Die Positive Psychologie hat praktische Ansätze entwickelt, die Menschen unterstützen, ihr Glücksniveau zu heben, die Lebenszufriedenheit zu steigern und Stress zu reduzieren. In ihrem Buch stellt Melanie Hausler aktuelle wissenschaftliche Erkenntnisse aus der Positiven Psychologie vor und trägt zahlreiche Interventionen und Fallbeispiele zusammen, die uns helfen, Glück zu erleben und uns zu entfalten.

226 Seiten, kart., E-Book inside • € (D) 26,00 • ISBN 978-3-95571-874-9
Auch als E-Book und Audio-Download erhältlich.

Weitere erfolgreiche Titel:
Positive Psychologie
ISBN 978-3-95571-832-9
Mit einem Lächeln
ISBN 978-3-7495-0189-2
Ganz bei mir
ISBN 978-3-95571-889-3

www.junfermann.de

Wieder raus in die Natur!

Sabine Claus
Auf dem Weg
20 Spaziergänge für das seelische Wohlbefinden

Ein einfacher Spaziergang kommt uns so selbstverständlich vor, dass wir oft vergessen, welch regenerierende Kraft, Inspiration und kleines Glück uns auf dem Weg erwarten. Mit ihren Streifzügen durch Psychologie und Medizin, Literatur und Geschichte erkundet Sabine Claus die positive Wechselwirkung von Gehen, Denken und Fühlen. Beim Spazieren werden wir kreativer und achtsamer – und finden einfacher Problemlösungen.

Mit 20 Anregungen zum Spazierengehen – für Kopf und Herz! Für alle, die in der Natur den Kopf freibekommen möchten und sich mehr Achtsamkeit und Entspannung in ihrem Leben wünschen.

200 Seiten, kart., E-Book inside • € (D) 22,00 • ISBN 978-3-95571-906-7
Auch als E-Book und Audio-Download erhältlich.

Sabine Claus ist Betriebswirtschaftlerin und Master of Advanced Studies in Coaching & Organisationsberatung. Sie hilft Unternehmen in Veränderungsprozessen und begleitet Menschen in ihrer Persönlichkeitsentwicklung.

Weitere erfolgreiche Titel:
Mein Achtsamkeitsjahr
ISBN 978-3-7495-0110-6

Wertschätzung leben
ISBN 978-3-7495-0190-8

Das kleine Buch der Selbstfürsorge
ISBN 978-3-7495-0111-3

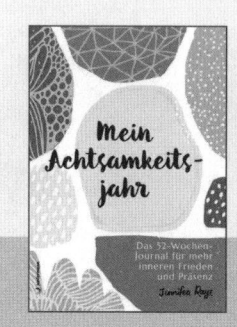

www.junfermann.de

Innehalten und Freiräume erkennen

Konstanze Wortmann
Letzte Zuflucht Firmenklo?
Selbstfürsorge in herausfordernden beruflichen Situationen – mit Übungen

Einen Großteil unserer Lebenszeit verbringen wir am Arbeitsplatz, und nicht selten ist dieser Schauplatz von Auseinandersetzungen, Konflikten und Niederlagen. Wie kann man seine Gelassenheit und Kraft aufrechterhalten, auch wenn gerade alles zu viel wird? Wenn man mal Abstand braucht, bleibt die Toilette oft tatsächlich der einzige Rückzugsort.

Doch es gibt eine Alternative: Konstanze Wortmann stellt kraftvolle Selbststärkungstechniken für die täglichen herausfordernden Situationen der Arbeitswelt vor, die Sie schnell wieder in einen guten Zustand bringen. Sie sind einfach, unauffällig, wirken unmittelbar und machen sogar Spaß!

112 Seiten, kart. • € (D) 15,00 • ISBN 978-3-95571-748-3
Auch als E-Book und Audiobook erhältlich.

Konstanze Wortmann ist Diplom-Psychologin, Psychologische Psychotherapeutin, Kinesiologin und Hypnotherapeutin. Sie ist u. a. Dozentin in der kollegialen Fortbildung und Erwachsenenbildung sowie in der betrieblichen Gesundheitsförderung.

Weitere erfolgreiche Titel:
Immer mit der Ruhe
ISBN 978-3-95571-673-8
Stärken Sie Ihre seelische Gesundheit
ISBN 978-3-95571-828-2
Resilient durch Yoga
ISBN 978-3-95571-566-3

www.junfermann.de

Abgeschrieben